펭수야~
학교가자!

**이 책의 인세 절반과 순수익금의 일부(2%)는
청소년을 위한 공익 활동에 사용됩니다.**

〈펭수야~ 학교 가자!〉 도서 시리즈는
청소년의 경제·금융 역량 강화를 목표로 만들어졌으며,
책의 수익 일부는 청소년 관련 기관 및 단체에 기부됩니다.
작은 나눔이 미래의 큰 변화를 이끕니다.
이 책을 읽는 여러분도 그 뜻깊은 여정에 함께하고 계십니다. 감사합니다.

키움증권 채널K, 자이언트 펭TV 지음

| 원작 | 유튜브 <채널K> '펭수야 학교 가자' 시즌 3

이제
진짜 투자자가 된다!

"10만 원으로 어떤 주식을 사야 대박이 나나요?"

"계속 오르고 있는 주식을 사면 무조건 돈 버는 것 아니에요?"

투자를 처음 시작하는 친구들이 가장 궁금해하는 질문일 거예요. 빨리 부자가 되고 싶은 마음에 정답부터 찾으려고 하죠. 하지만 투자는 정답을 맞히는 게임이 아니랍니다. 시간을 내 편으로 만들고, 가치를 발견하는 과정이죠.

혹시 '눈덩이 효과'라는 말을 들어본 적 있나요? (제1권에서 잠깐 언급한 적이 있어요. 제1권을 가지고 있다면 94쪽을 펼쳐 보세요.) 주먹만 한 작은 눈덩이라도 긴 언덕을 따라 굴리다 보면 어느새 집채만 한 눈덩이가 됩니다.

투자도 마찬가지예요. 지금 여러분의 통장 속 금액이 비록 적어 보일

지라도, '복리'라는 마법과 '시간'이라는 언덕이 만나면 상상할 수 없을 만큼 거대한 자산으로 불어날 수 있어요. 이 책에서 자세히 다루겠지만, 워런 버핏은 열한 살 때부터 투자를 시작한 덕분에 이 마법의 효과를 톡톡히 누렸어요. 그리고 세계에서 손꼽히는 부자가 되었답니다.

투자는 이미 우리 곁에 있다

사실 여러분은 이미 투자의 세계 안에 살고 있어요.

스마트폰부터 생각해 볼까요? 아이폰을 살지, 갤럭시를 살지 고민하는 순간, 이미 애플과 삼성전자 중 어느 회사에 더 가치를 둬야 할지 선택하고 있는 겁니다. 넷플릭스를 볼까, 디즈니 플러스를 볼까 고민하나요? 그렇다면 이미 미디어 산업의 트렌드를 읽고 있는 거예요. 챗GPT의 도움을 받은 적이 있다면, 그 자체로 AI 산업의 기회를 목격한 셈이죠.

여러분의 선택과 관심이 곧 투자 인사이트통찰력의 출발점입니다. 일상 속에서 발견하는 변화, 자주 사용하는 서비스, 친구들과 나누는 대화까지, 이 모든 것이 투자의 단서가 될 수 있어요.

《펭수야~ 학교 가자!》 시리즈의 완결편인 제3권에 오신 것을 환영합니다! 제1권 키움 초등학교에서 우리는 돈의 역사를 비롯해 기초 경제 지식을 배웠고, 제2권 키움 중학교에서는 시장이 움직이는 원리를 이해하고, 기업을 보는 눈을 키웠습니다. 이제부터는 그동안 배운 지식을 바탕으로, 소중한 자산을 불리고 지키기 위한 실전 전략을 배워볼 거예요.

이번 제3권에서는 지식을 쌓는 데서 한 걸음 더 나아가, 진짜 투자자가 되기 위한 사고방식과 실행력에 집중합니다. 실전 투자 역량을 기르는 것이 이번 편의 목표예요!

첫 번째 수업에서는 복리의 마법을 직접 확인하고, 저평가된 기업을 찾아내는 안목을 길러 봅니다. 같은 돈, 같은 시간을 투자해도 복리는 격차를 두 배 이상 벌려 놓거든요. 장기 투자와 복리의 힘을 알고 나면, 왜 청소년 시기부터 투자를 시작하는 게 중요한지 자연스럽게 깨닫게 될 거예요. 그렇다면 어떤 기업에 투자해야 할까요? 이번 편에서는 좀 더 구체적인 판단 기준을 배워봅니다. 바로 시가총액, EPS 주당 순이익, PER 주가 수익 비율이에요.

두 번째 수업에서는 개별 기업을 넘어 산업 전체를 조망하는 법을 배웁니다. 나무 한 그루가 아니라 숲 전체를 보는 눈을 키우는 거예요. 여러 산업을 비교하며 시장의 큰 흐름을 파악하고, 미래 성장 산업과 전통 산업의 차이점과 장단점에 대해서도 알아봅니다.

세 번째 수업에서는 기업의 본질을 꿰뚫는 힘을 키워 봅니다. 246억 원짜리 점심 식사가 있다는 이야기, 들어본 적 있나요? 그 주인공인 워런 버핏의 흥미진진한 투자 스토리를 만나 보고요. 그리고 비즈니스 모델을 읽는 법, 경쟁자가 쉽게 넘볼 수 없는 방어벽해자을 가진 기업을 찾는 법을 익힐 거예요.

네 번째 수업에서는 드디어 진짜 투자자로 거듭납니다! 주식 투자의 각종 세금과 똑똑한 절세 전략에 대해 알아보고, 나아가 투자의 궁극적인 의미를 생각하는 시간도 가져 봅니다. 돈과 행복의 관계를 마음 깊이 새기며, 진짜 투자자로 한 걸음 나아가는 순간을 맞이하게 될 거예요.

투자 공부의 목적은 현명한 사람이 되는 것

워런 버핏은 이렇게 말했습니다. "누군가 오늘 그늘에 앉아 쉴 수 있는 이유는, 오래전 누군가가 나무를 심었기 때문이다."

오늘 심은 작은 투자의 씨앗이 10년, 20년 후 거대한 나무가 됩니다. 여기서 씨앗은 시드머니만을 뜻하지 않아요. 경제와 금융 지식을 익히는 것, 세상에 대한 끊임없는 호기심과 관찰, 돈을 소중히 여기며 차곡차곡 모아가는 자세. 이 모든 것이 여러분의 미래를 키울 씨앗이랍니다.

지금 이 책을 읽고 있는 것만으로도 이미 씨앗 하나를 심은 거예요!

어떤 사람은 이렇게 물을 거예요.

"투자를 공부한다고 모두 부자가 되는 건 아니잖아요?"

맞아요. 투자가 항상 수익을 보장하지는 않죠. 하지만 한 가지 확실한 건 있어요. 투자를 공부하면 세상을 보는 눈이 달라진다는 사실!

경제 뉴스와 정보 속에서 현재와 미래를 읽어내고, 그 흐름 안에서 진로와 투자 기회를 발견할 수 있게 되죠. 번 돈을 어디에 어떻게 쓸지 현명하게 판단하고, 꿈을 이루는 데 필요한 자산 계획도 세울 수 있고요.

경제의 흐름을 읽고, 투자를 판단하고, 돈을 운용하는 능력.
이건 여러분이 어떤 꿈을 꾸든, 평생 든든한 무기가 되어줄 거예요.

이번 편을 마지막으로 펭수와 똘비의 여정은 막을 내립니다. 하지만 이 책의 마지막 페이지를 덮는 순간이 여러분에게는 오히려 새로운 시작이에요. 스스로 기업을 분석하고 미래를 예측하며, 자신의 꿈을 이루기 위해 든든한 경제적 발판을 마련하는 멋진 투자자가 되어 있을 테니까요. 또한 '투자는 우리가 믿는 미래에 투표하는 행위' 제2권 194페이지 참고 라는 것도 꼭 기억해 주세요.

그럼 마지막 여정을 시작해 볼까요? 졸업장을 받고, 진짜 투자자가 되는 그 순간까지!

펭—하!

등장인물 소개

PENGSOO

펭수

남극에서 온 열 살. 생일은 8월 8일.

키 210cm, 몸무게 103kg의 진짜 거대한 펭귄.

특기는 요들송, 랩 조금, 비트박스 조금, 판소리, 드럼 연주,

미국춤, 나청송, 유기농춤 등등. 펭귄어, 물범어, 한국어가

가능한 다국어(?) 능력 펭귄! 남극 유치원을 졸업하고,

한국으로 와서 지금은 EBS 연습생으로 활동 중.

꿈은 BTS 같은 스타가 되는 것! **인스타그램** @giantpengsoo

똘비

1999년 9월 19일생, 국적은 대한민국.

탑골공원 출신의 현실에 찌든 비둘기.

내향적이고 실용적인 성격이다. 쓰레기 뒤지기 관련 경력이

있으며, 지금은 비둘기라는 이유로 취업난을 겪고 있다.

꿈은 인간이 되는 것. **인스타그램** @crazy.ddolbi

DDOLBI

이 책의 활용법

순서대로 읽어도 좋고, 관심 있는 주제부터 골라 활용해도 괜찮습니다.
중요한 건, 읽고 생각하고 실천하는 '나만의 경제 습관'을 만드는 것!
펭수와 함께 배우고, 똘비처럼 상상하고, 나만의 방식으로 경제 공부를 시작해 보세요.

컷툰 & 에피소드

펭수와 똘비의 좌충우돌 상황극과 함께
이번 장에서 다룰 주제를 재미있게
소개하는 컷툰과 에피소드는
유튜브 '큠' 〈펭수야~ 학교 가자!〉
영상과 함께 보면 재미 만점!

경제 수업 : 스토리텔링으로 더욱 쉬운 경제 학습

조곤조곤~ 선생님이 들려주는
더 깊이 있고,
이해하기 쉬우며,
흥미로운 경제와 금융 이야기들

똘비의 생각 실험실

사고 실험으로
경제적 사고력과
판단력을 UP

펭수의 부자 되기 노트

배운 내용을 생활 속에서
실천해 보는 워크시트

목차

나무 말고 숲을 봐! 산업 읽는 법

차원이 다른 기업을 알아보는 법

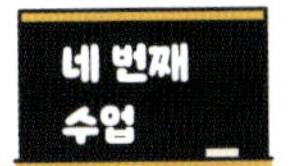 **드디어 진짜 투자자가 되는 시간**

투자 실력을 키우는 숫자와 지표들

이 숫자들과
친해지면,
실전 준비 완료!

첫 번째 수업

장기 투자의 승률, 가치 투자, 복리 효과와 재투자의 마법, 가치 평가를 위한 지표들

첫 번째 수업
전체 보기

어서 와, 수익의 세계는 처음이지?

▷ 이번 시간
유튜브 영상 보기

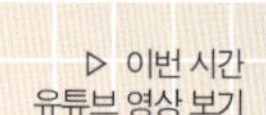

펭수야~ 학교 가자! 3

"드디어… 고등학생이다!"

펭수는 새 교복 매무새를 다듬으며 키움 고등학교 정문 앞에 섰다.

"선배님, 떨려요. 고등학교는 중학교랑 다르다면서요?"

똘비가 조금 불안한 표정으로 펭수 옆에 섰다.

"당연하지! 여기선 실전 투자를 배운다고. 더 이상 모의 투자가 아니야. 우리도 이제 진짜 투자자가 되는 거야!"

펭수가 가슴을 활짝 펴며 자신만만하게 대답했다.

두 새는 설레는 마음으로 복도를 지나 강당으로 향했다. 강당 문을 열자 '키움 고등학교 입학 설명회'라고 적힌 현수막이 보였다.

새로운 선생님이 펭수와 똘비를 반갑게 맞이했다.

"펭수, 똘비 안녕! 여기는 키움 고등학교야. 여러분 모두 키움 고등학교에 입학한 걸 환영해!"

펭수가 쌤을 보고 멈칫하자, 새로운 쌤이 먼저 미소를 지으며 물었다.

"펭수, 우리 어디서 본 적 있지 않아?"

펭수의 머릿속에서 무언가 번쩍 스쳤다.

"아! 그때 키움증권 퀴즈쇼에서 저랑 쌤이랑 대결했잖아요!"

"맞아!" 쌤이 반갑게 손뼉을 쳤다. "그때는 우리가 라이벌이었지만, 오늘부터는 너희 선생님이야. 내 이름은…."

"잠깐, 잠깐! 제가 말하겠습니다!"

펭수의 외침에, 쌤은 감동받은 표정으로 물었다.

"와, 내 이름을 기억한단 말이야?"

"권…, 미…, 으음…." 의욕이 넘치던 처음과 달리, 펭수의 목소리는 약간 소심해져 있었다. "…요정 컴미?" (참고로, 〈요정 컴미〉는 2000년에 방영된 어린이 드라마예요. 열 살밖에 안 된 펭수가 이 드라마를 어떻게 아는지는 미스터리~.)

쌤이 그럴 줄 알았다는 듯 웃었다.

"나는 키움증권 아나운서, 권미정이라고 해. 앞으로 잘 부탁해!"

펭수가 두 날개를 허리에 얹으며 자신감 넘치게 말했다.

"그래도, 그때 퀴즈 대결에서 제가 이긴 거 기억하시죠?"

"그럼, 그럼! 펭수는 이미 똑똑하니까, 고등학교 과정에서 쌤이 실전 감각까지

확실하게 가르쳐 줄게. 초등학교와 중학교에서 투자의 기초 지식을 배웠다면, 고등학교에서는 그 지식을 실제 투자에 적용하는 방법을 알아볼

거야. 그럼 입학 오리엔테이션은 여기까지! 교실로 이동해서 수업을 시
작해 볼까?!"

· · ·

잠시 후, 교실 안. 미정 쌤이 칠판에 분필로 또박또박 글씨를 썼다.

'장기 투자, 가치 투자.'

"자, 오늘은 투자의 가장 기본이 되는 두 가지 전략을 배울 거야. 앞에
있는 키워드 카드는 장기 투자와 가치 투자의 장점을 키워드로 뽑아둔
거야. 마구 섞여 있는 키워드를 관련 있는 것들끼리 짝지어 보자!"

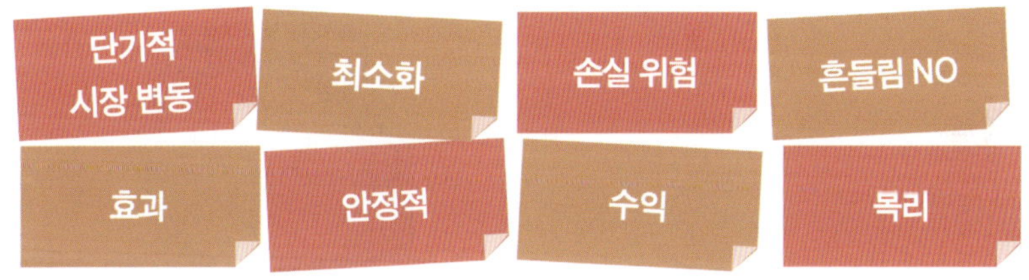

펭수가 카드를 한 장 집어들며 눈살을 찌푸렸다.

"쌤, 저희를 너무 무시하시는 거 아닙니까? 저, 퀴즈쇼에서 선생님 이
긴 적도 있다고요!"

"그래서 시간은 딱 3분!"

미정 쌤이 스톱워치를 눌렀다.

"헉, 3분밖에 안 돼요?"

똘비가 당황하며 카드를 재빨리 펼치기 시작했다.

"선배님, 협동 좀요! 이거 색깔별로 나누면 될 것 같은데!"

"아, 말 걸지 마. 지금 뇌가 과부하야…."

"2분 남았어요!" 똘비는 빠르게 카드를 분류하기 시작했다. "이건 장기 투자 장점…, 이건 손실 위험이랑 연관 있는 것 같은데…."

펭수는 카드 몇 장을 집어 들고는 이리저리 맞춰보다가 말했다.

"이거 말이 안 이어지잖아."

"30초 남았어요!"

"아아아악!"

똘비가 마지막 카드를 놓는 순간―.

"땡!" 쌤의 스톱워치가 울렸다. "시간 종료!"

미정 쌤이 칠판에 카드를 차근차근 붙이기 시작했다.

"자, 정답은 이거야. 장기 투자, 가치 투자를 하면 **단기적 시장 변동**에 **흔들리지 않고, 손실 위험**을 **최소화**할 수 있어. 그리고 **복리 효과**를 누리면서 **안정적**으로 **수익**을 극대화할 수 있지."

펭수가 고개를 갸우뚱했다.

"그런데 '단기적 시장 변동'이 뭐예요?"

"좋은 질문이야!"

미정 쌤이 칠판에 주식 차트를 그리기 시작했다. 쌤이 그린 차트는 지그재그로 오르락내리락하지만, 전체적으로는 위로 올라가는 우상향 모습이었다.

"주식은 매일 오르고 내리기를 반복해. 이걸 '변동성' 24페이지 참고 이라고 한단다. 하지만 장기적으로 보면, 좋은 기업의 주가는 결국 오른다는 거야."

미정 쌤이 칠판에 또 다른 차트를 그렸다.

"이건 미국 주식 시장의 대표 지수인 S&P 500을 분석한 데이터야. 봐봐, 투자 기간이 길어질수록 손실 확률이 줄어들지?"

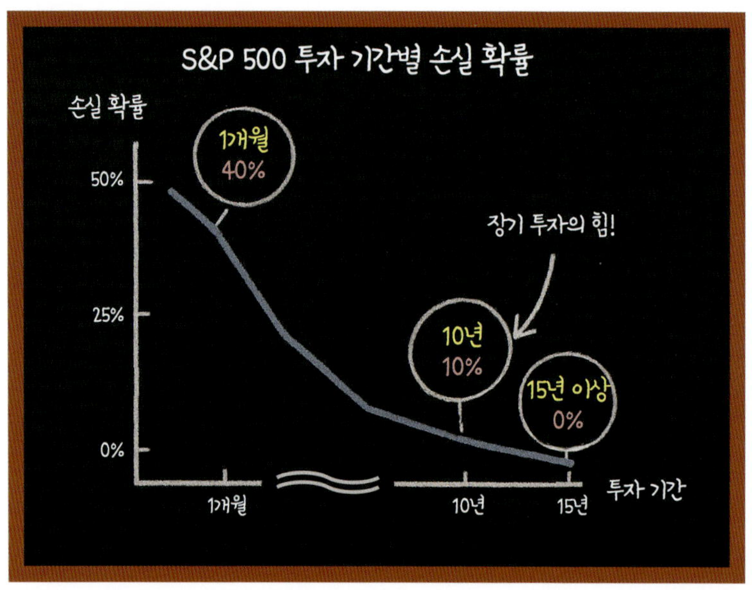

똘비가 눈을 크게 뜨며 말했다.

"어? 15년 이상 투자하면 손실 확률이 0%라고요?"

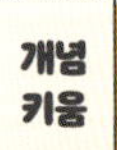

변동성

변동성Volatility은 금융 시장에서 자산 가격이 변화하는 정도를 나타내는 것으로, 가격이 얼마나 높고 빠르게 오르내리는지를 말한다.

큰 폭의 상승과 하락을 반복하면 '변동성이 높다'라고 표현하고, 반대로 가격이 안정적으로 움직이며 작은 폭으로만 변화한다면 '변동성이 낮다'라고 표현한다. 그렇다면 시장의 변동성은 어떻게 확인할 수 있을까? 이와 관련된 가장 대표적인 지수는 '공포 지수'라고도 불리는 VIX빅스지수이며, S&P 500을 기준으로 미국 주식 시장의 전체의 변동성을 나타낸다. ●

“맞아!” 미정 쌤이 활짝 웃었다. “그래서 장기 투자가 중요한 거야. 단기적으로는 주가가 출렁여도, 시간이 지나면 결국 이긴다는 거지.”

펭수가 갑자기 손을 번쩍 들었다.

“잠깐만요! 그럼 저 그냥 주식 사 놓고 15년 동안 남극에서 살다 와도 되는 거예요? 대박!”

미정 쌤이 피식 웃으며 말을 이었다.

“중요한 건, 좋은 기업을 골라야 한다는 거야. 아무 기업이나 사서 오래 기다린다고 다 잘 되는 건 아니거든.”

시간이 내 편이 되는 투자

❝ 주식 투자가 어렵고 무섭게 느껴지는 가장 큰 이유는 무엇일까요? 아마도 “내가 사자마자 떨어지면 어떡하지?”라는 불안감 때문일 거에요. 누군가는 운 좋게 바닥가장 저렴한 가격에서 사서 돈을 벌지만, 누군가는 꼭대기가장 높은 가격에서 사서 마음고생을 하죠. 매일 뉴스에서 ‘폭락’,

'사상 최고치' 같은 자극적인 말이 쏟아지니, 초보자들은 '지금 사도 될까? 조금만 더 기다릴까?' 하는 고민의 늪에 빠지기 쉬워요.

그런데 수십 년간 쌓인 주식 시장 데이터는 놀라운 사실 하나를 알려 줘요. "언제 샀느냐보다, 얼마나 오래 가지고 있었느냐가 훨씬 중요하다!"는 것이죠.

주식을 산 시점은 저마다 다르겠지만, 보유 기간을 길게 가져가면 결국 결과는 비슷하게 좋아진다는 뜻이에요.

S&P 500 데이터가 보여주는 놀라운 진실

이 사실을 가장 잘 보여주는 증거가 미국의 S&P 500 지수입니다.

S&P 500은 애플, 마이크로소프트, 구글, 테슬라처럼 이름만 들어도 알 만한 미국 대표 기업 500개의 주가를 모아 만든 지표예요. 이 500개 기업이 미국 주식 시장 전체 시가총액의 약 80%를 차지하기 때문에, S&P 500만 봐도 미국 경제 전체의 흐름을 파악할 수 있습니다. 쉽게 말해 '미국 국가대표 기업팀'의 성적표라고 보면 돼요. 제2권 104~105페이지 참고

그럼 1926년 이후 약 100년간 축적된 이 성적표를 기간별로 살펴볼까

요?다음 표를 보면 보유 기간에 따라 수익을 낼 확률이 어떻게 달라지는 지 한눈에 알 수 있어요.

보유기간	수익 확률	의미
1개월	58~60%	동전 던지기와 비슷!
1년	73~75%	열 번 중 약 일곱 번 수익
5년	78~82%	열 번 중 약 여덟 번 수익
10년	88~92%	열 번 중 약 아홉 번 수익
15년 이상	100%	**단 한 번도 손실 없음!**

표1 S&P 500 보유 기간에 따른 수익 확률

자료 출처 : Bloomberg, Crestmont Research, Yardeni Research (1928-2023 데이터 기반)

1년 투자 동전 던지기보다 조금 나은 수준

과거 데이터를 분석해 보면, S&P 500에 딱 1년만 투자했을 때 돈을 벌 확률승률은 약 73~75%입니다.

열 번 투자하면 대략 일곱 번은 수익이 나고, 세 번은 손해를 본다는 뜻 이에요. 동전 던지기50%보다는 낮지만, 여전히 25% 이상의 확률로 소중 한 돈을 잃을 수 있어요.

게다가 변동 폭도 상당해요. 운이 좋으면 1년 만에 30% 넘게 벌기도 하지만, 2008년 금융 위기 때는 1년 만에 -38% 넘게 빠졌고, 2020년 코로나 때는 약 한 달2월 중순~3월 하순 만에 -34%나 급락하기도 했습니다.

이처럼 짧은 기간의 주가는 아무도 예측할 수 없어요. 금리, 전쟁, 사람들의 심리 등 너무 많은 변수가 얽혀 있기 때문이에요. 변동성이 크고 예측이 어려우니 단기 투자를 하면 스트레스가 심할 수밖에 없어요.

5년, 10년 투자 버티면 이긴다

투자 기간을 5년으로 늘리면 상황이 달라집니다. S&P 500을 5년 이상 보유했을 때 수익을 낼 확률은 약 78~82%로 올라가요. 그리고 10년을 투자하면 승률은 약 88~92%에 달합니다.

15년, 20년 장기 투자 시간이 만들어내는 불패 신화

기간을 더 늘려 볼까요? 여기서 정말 놀라운 통계가 나옵니다.

1926년 이후 약 100년의 역사 동안, S&P 500 지수에 15년 이상 투자했을 때 돈을 잃은 경우는 단 한 번도 없었다는 거예요!

대공황, 세계대전, 오일쇼크, 닷컴 버블, 금융 위기…. 그 어떤 끔찍한 사건이 터져도 15년이라는 시간 앞에서는 모든 위기가 회복되고 결국 성장했습니다. 설령 금융 역사상 최악의 타이밍에 투자를 시작해 하락을 겪었더라도, 주식 시장은 결국 손실을 회복하고 수익 구간으로 진입했어요. 15년이라는 시간은 역사상 가장 오래 걸렸던 회복 기간보다도 길기 때문이죠.

심지어 1929년의 고점을 회복하기까지 무려 25년_{1945년까지}이 걸린 대공황 시기에도, 배당금을 꾸준히 재투자했다면 15년 이내에 플러스 수익률로 전환될 수 있었다고 해요. 주가 변화에 배당금 재투자 효과를 반영하는 총수익률 지수 계산에 따르면, 1929년 주식 시장이 붕괴하기 직전 최고점에서 100달러를 투자한 경우라도 15년 뒤인 1943년 말에는 약 158달러의 가치가 되어 수익이 발생함.

위기	S&P500 하락률	회복 기간
1929년 대공황	-86%	약 25년
1973년 오일쇼크	-48%	약 7년
1987년 블랙 먼데이	-29%	1년 7개월
2000년 닷컴 버블	-49%	약 7년
2008년 금융 위기	-57%	약 5년 5개월
2020년 코로나	-34%	5개월

표2 역대 주요 위기와 회복 기간

예측하지 말고, 시간을 믿자!

"지금 사도 돼요?", "전쟁 나면 어떡해요?" 이런 걱정은 당연합니다. 하지만 S&P 500 데이터가 주는 교훈은 명확해요. "단기적으로 시장은 롤러코스터처럼 요동치지만, 장기적으로는 반드시 성장한다."는 거죠.

그러니 '내일 주가가 오를까?'를 맞히려고 애쓰기보다, '나는 이 주식을 10년 이상 가져갈 수 있을까?'를 고민하는 게 훨씬 현명한 전략이에요. 제2권 〈시장의 이해 편〉에서 배웠던 워런 버핏의 명언 제2권 240페이지 참고 을 항상 기억하세요!

"10년 동안 보유할 생각이 없는 주식이라면, 단 10분도 들고 있지 마라."

아무 주식이나 오래 들고 있으면 될까?

❝ 투자 기간이 길어질수록 돈을 벌 확률이 더욱 커진다니, 정말 반가운 이야기죠? 그렇다면 여기서 퀴즈! 아무 주식이나 사서 15년 동안 푹 자고

100년 투자의 놀라운 수익률

S&P 500 차트를 보면 한 가지가 명확히 보인다. 단기적으로는 급등락을 반복하지만, 장기적으로는 오른쪽 위로 향하는 우상향 곡선이라는 것이다. 만약 누군가가 1926년에 S&P 500에 100달러를 투자했다면, 그 100달러는 지금 얼마가 되었을까?

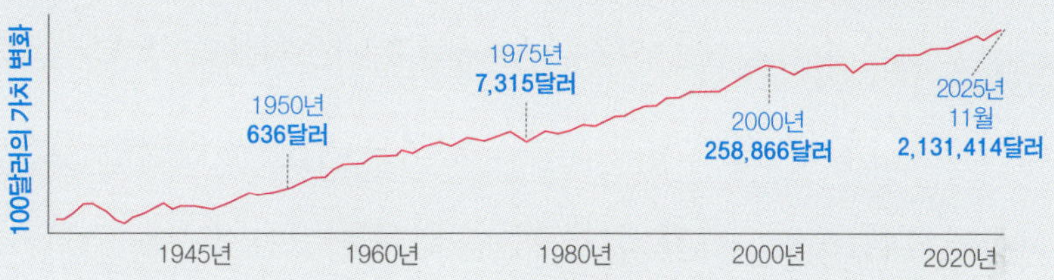

- **2025년 약 213만 달러**
- **연평균 복리 수익률 : 10.49%**
- **총 성장배수 : 21,314배**
- **총 수익률 : 2,131,315%**

그렇다면 10년 단위로 살펴본 S&P 500 수익률은 어떨까?

연대	연평균 수익률*	주요 사건	연대	연평균 수익률*	주요 사건
1920년대	19.2%	경제 호황	1980년대	17.5%	레이거 노믹스
1930년대	-0.1%	대공황	1990년대	18.2%	닷컴 붐
1940년대	9.2%	제2차 세계대전	2000년대	-1.0%	닷컴 버블, 금융 위기
1950년대	19.4%	전후 경제부흥	2010년대	13.6%	경기회복
1960년대	7.8%	베트남 전쟁	2020~2023	12.0%	코로나 팬데믹
1970년대	5.9%	오일 쇼크			

*연평균수익률 = CAGR Compound Annual Growth Rate

1930년대 대공황, 2000년대 두 차례 위기를 겪었던 시기에도 장기적으로는 손실이 거의 없거나 작았다. 그리고 그 이후 10년은 항상 강한 반등을 보였다!

*투자 시점(또는 기간) 및 미래에는 이와 다를 수 있으며, 이전 실적이 미래의 수익률을 보장하진 않음

일어나면 부자가 될까요?

정답은 '절대 아니오'입니다. 장기 투자는 아주 강력한 무기지만, 그것만으로는 충분하지 않아요. 장기 투자의 진짜 힘은 '가치 투자'라는 단짝 친구와 함께할 때 비로소 완성되거든요. 도대체 가치 투자가 뭐길래 그럴까요? 지금부터 그 비밀을 파헤쳐 볼게요.

가격과 가치는 다르다!

가치 투자의 핵심은 딱 한 줄로 요약할 수 있어요. "기업의 진짜 가치보다 가격이 쌀 때 사는 것."

이 말을 이해하려면 먼저 '가격'과 '가치'를 구별해야 합니다.

가격Price은 오늘 시장에서 그 주식이 거래되는 금액이에요. 뉴스 한 줄에 오르기도 하고, 사람들의 기분에 따라 내리기도 합니다. 아주 변덕스럽죠. 반면 가치Value는 그 기업이 실제로 돈을 버는 능력, 가지고 있는 공장이나 기술력, 미래 성장성 같은 진짜 실력을 말해요.

어떤 실력파 아이돌 가수가 있다고 해 봅시다. 어느 날 악성 루머가 돌아서 인터넷에서 비난을 받으면, 어떻게 될까요? 사람들의 관심은 잠시 멀어질 수 있어요가격 하락. 하지만 그 가수의 춤과 노래 실력가치이 하루아침에 사라지는 건 아니잖아요? 시간이 지나 오해가 풀리면 인기는 다시 실력을 따라오게 되어 있습니다.

기업도 마찬가지예요. 실력가치은 그대로인데, 시장의 오해나 공포 때문에 주가가격가 떨어질 때가 있죠. 이때 싼 값에 주식을 사서, 가격이 가치를 찾아갈 때까지 기다리는 것. 이게 바로 가치 투자입니다.

변덕쟁이 '미스터 마켓' 이야기

워런 버핏의 스승으로도 유명한 벤저민 그레이엄Benjamin Graham, 1894-1976은 가치 투자의 창시자입니다. 그는 투자와 투기를 명확히 구분하고, 체계적이고 과학적인 투자 방법론을 만들었어요.

벤저민 그레이엄은 주식 시장을 '미스터 마켓Mr. Market'이라는 변덕스러운 사람에 비유했는데요. 이 사람은 매일 여러분을 찾아와서 주식을 팔거나 사겠다고 제안합니다. 그런데 변덕이 심해서, 어떤 날은 기분이 너무 좋아 터무니없이 비싼 값을 부르고, 어떤 날은 우울해서 말도 안 되는 헐값에 주식을 넘기려고 하죠.

현명한 투자자는 거기에 휩쓸리지 않아요. 미스터 마켓이 터무니없이 낮은 가격을 제시할 때 사고, 반대로 너무 높은 가격을 부를 때 팔아야 합니다.

그레이엄은 이런 말을 남겼어요.

"시장은 단기적으로는 인기 투표 기계지만, 장기적으로는 저울이다."

단기적으로 주가는 사람들의 인기에 따라 출렁이지만, 시간이 지나면 결국 기업의 진짜 가치만큼 정확히 측정된다는 뜻입니다. 저울은 거짓말을 하지 않으니까요.

가치 투자자가 오래 버텨야 하는 세 가지 이유

그럼 왜 가치 투자는 꼭 장기 투자와 함께해야 할까요?

가치가 주가에 반영되는 데 시간이 걸리기 때문이에요. 흙 속에 묻힌 진주를 사람들이 발견하기까지는 시간이 필요하죠. 기업이 돈을 잘 벌고 있다는 사실이 알려지고, 이 사실이 투자자들의 인식을 바꾸고, 나아가 주가에 반영되기까지는 몇 분기에서 몇 년이 걸리기도 해요.

게다가 가격이 저렴할 때주가가 하락할 때 매수하려면, 남들이 다 팔고 도망갈 만큼 불안한 상황을 견뎌낼 수 있어야 해요. 어느 회사의 주가가 가치보다 저렴해졌다는 건, 시장 참여자들이 그 기업을 외면하고 있다는 거예요. 또 시장의 분위기가 비관적일 수도 있죠. 이런 상황에서 주식을 사려면 '이 회사는 튼튼해.'라는 확신과 '시간이 지나면 괜찮아질 거야.'라는 인내심이 필요합니다. 이러한 시기를 견디는 능력, 즉 시간을 버틸 수 있는 능력이야말로 가치 투자자가 갖춰야 하는 중요한 자질이에요.

또 한 가지 이유는, 복리 효과가 천천히 나타나기 때문입니다. 저렴한 가격에 산 좋은 기업이 돈을 벌고, 그 돈으로 또 성장하는 선순환이 일어나려면 충분한 시간이 필요합니다. 워런 버핏도 바로 이 시간을 기다린 덕분에 세계적인 부자가 되었죠.

가치 투자의 3박자 : 분석, 안전 마진, 기다림

가치 투자를 하기 위해서는 기본적으로 세 가지가 필요합니다.

첫 번째는 '분석력'이에요. 기업의 진짜 가치, 즉 실력을 알아보는 눈이 있어야 합니다. 우리가 제2권에서 배웠던 것, 즉 재무제표를 읽고 경쟁력을 분석하는 능력이 여기에 해당하죠.

두 번째는 '안전 마진'입니다. 제값보다 훨씬 싸게 사야 내 분석이 조금 틀리더라도 손해를 보지 않겠죠? 이렇게 여유를 두고 사는 것을 "안전 마진을 확보한다."라고 해요. 즉, 기업의 진짜 가치보다 훨씬 저렴한 가격으로 주식을 샀을 때 생기는 여유 폭을 뜻합니다. 예를 들어, 10만 원의 가치가 있다고 생각하는 A 회사 주식을 7만 원에 샀다면, 3만 원의 안전 마진을 확보한 거예요.

왜 안전 마진을 확보해야 할까요?

아무리 분석을 잘 하는 사람이라도 틀릴 수 있어요. A 기업의 가치가 사실은 10만 원이 아니라, 8만 원일 수도 있는 거죠. 이때 안전 마진 없이 9만 원에 샀다면 손해를 보게 될 거예요. 하지만 7만 원에 샀다면 안전 마진 덕분에 손해를 피할 수 있습니다.

반대로, 만약 내 분석이 맞았다면? 시간이 지나서 사람들이 A 기업의 진짜 가치가 10만 원이라는 것을 알게 되면, 이를 10만 원에 팔아 3만 원을 벌 수 있을 거예요.

이처럼 손해를 방지하고, 나아가 이익을 극대화하기 위해 안전 마진이 필요합니다.

세 번째는 '인내심'이에요. 시장이 가치를 알아줄 때까지 묵묵히 기다릴 줄 알아야 하죠.

결국 투자는 '좋은 기업을 쌀 때 사서, 제값을 받을 때까지 기다리는 일'에 비유할 수 있습니다. 이 원칙만 지킨다면, 변덕쟁이 미스터 마켓에게 휘둘리지 않고 현명하게 돈을 불리는 투자자가 될 수 있을 거예요.

 펭수야~ 학교 가자! 3

미스터 마켓과의 협상 게임

지금부터 '미스터 마켓'이 된 똘비와 협상 게임을 시작할 거예요. 매 순간 달라지는 미스터 마켓의 제안을 들으며, 살지 말지 아니면 팔아야 할지를 결정해야 합니다.

게임 설정 당신이 분석한 어떤 기업의 가치는 10만 원입니다. 하지만 분석에는 늘 오차가 있으므로, 합리적인 판단 범위는 ±20%, 즉 8만~12만 원이라 합시다. 이를 바탕으로, 당신은 다음과 같은 투자 원칙을 세웠습니다.

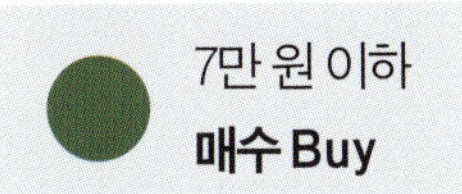

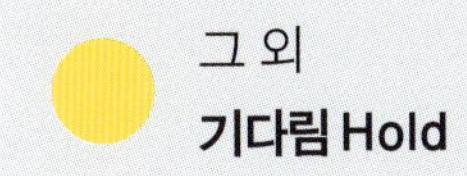

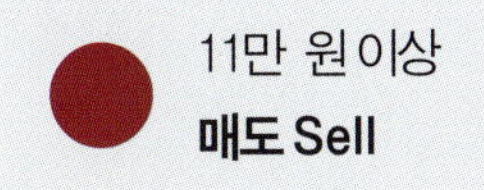

미스터 마켓이 제안하는 ①~⑥번의 가격에 대해 매수·기다림·매도 중 하나를 선택하고, 아래 예시와 같이 이유를 생각해 보세요.

① 65,000원	□ ● □ ● □ ●	② 74,000원	□ ● □ ● □ ●
③ 95,000원	□ ● □ ● □ ●	④ 10,5000원	□ ● □ ● □ ●
⑤ 12,5000원	□ ● □ ● □ ●	⑥ 15,0000원	□ ● □ ● □ ●

예시 ② 74,000원 ● 분석한 가치보다는 낮지만, 설정한 매수 기준보다는 높다. 가격은 저렴하지만, 아직 충분한 안전 마진이 확보되지 않았으므로 기다리며 매수 기회를 보겠다.

활동지 작성 TIP 이 사고실험은 '가격'과 '가치'를 구별하는 감각을 익히기 위한 것입니다. '왜 그렇게 판단했는가'를 설명하는 것이 핵심으로, 어떤 기준으로 선택했는지 이유를 작성해 보세요.

얼마에 사야 안전할까?

"이론만으로는 부족하죠! 실전 연습을 통해 진짜 투자자로 거듭나겠습니다!"
"오! 그래서 쌤이 두 가지 미션을 준비했어. 미션을 완수하면,
펭수도 '조류계의 워런 버핏'이 될 수 있을 거야."

안전 마진이란, 투자할 때 실수나 예측 오류를 대비한 여유 폭을 말해요. 어떤 기업의 진짜 가치내재 가치를 10만 원이라고 판단했다면, 그보다 훨씬 싸게 사야 안전하다는 거죠. 왜냐하면 우리의 분석이 틀릴 수도 있고, 예상치 못한 변수가 생길 수도 있으니까요!

1단계 : 안전 마진 계산법을 익혀 보자

어떤 기업의 내재 가치가 120,000원이고, 안전 마진을 30%로 설정한다면, 얼마 이하에서 사야 할까요? _________________ 원

계산식 내재 가치 × (1 − 안전 마진 비율) = 매수 가격
☞ 120,000 × (1 − 0.3) = 120,000 × 0.7 = ?

2단계 : 보수적 안전 마진 계산하기

어떤 기업의 내재 가치가 80,000~100,000원 사이로 추정됩니다. 이럴 때는 보수적으로 가장 낮은 값하한을 기준으로 계산해야 하는데, 안전 마진을 30%로 설정한다면, 얼마 이하에서 사야 할까요? _________________ 원

계산식 하한 내재 가치 × (1 − 안전 마진 비율) = 매수 가격
☞ 80,000 × (1 − 0.3) = 80,000 × 0.7 = ?

3단계 : 매도 기준 설정하기

어떤 기업의 내재 가치가 150,000원입니다. 만약 이 주식을 산다면, 언제 팔아야 할까요? 참고! 일반적으로 주가가 내재 가치의 110%에 도달하면 매도를 고려합니다.

_________________ 원

계산식　내재 가치 × 1.1 = 매도 기준 가격
☞ 150,000 × 1.1 = ?

4단계 : 왜 안전 마진을 보수적으로 잡아야 하는지 점검하기

안전 마진을 위와 같이 계산해야 하는 이유 네 가지를 보고, 각각에 관해 자신의 생각을 적어 보세요.

- 우리의 분석이 틀릴 수 있다(예측은 완벽하지 않다)

____

- 예상치 못한 변수가 생길 수 있다(경제 위기, 경쟁사 등장 등)

____

- 분석을 잘못했을 경우에 대비하여 여유(마진)가 필요하다

____

- 싸게 사면 손실 위험이 줄어든다

____

CHECK POINT!

☐ 안전 마진 계산이 단순한 수학 공식이 아니라 사고방식임을 이해했는가?

☐ 다른 사람들로부터 '너무 보수적'이라는 말을 들어도 원칙을 지킬 자신이 있는가?

정답 : **1단계** 84,000원　**2단계** 56,000원　**3단계** 165,000원

펭수가 버핏을 넘어설 방법이 있다고?

- 복리 효과 = 눈덩이 효과
- 금액보다 시간이 중요한 이유
- 복리 효과에 엔진을 다는 법

▷ 이번 시간
유튜브 영상 보기

펭수야~ 학교 가자! 3

미정 쌤이 교탁 앞에서 질문을 던졌다.

"자, 여러분. 혹시 둘 다 은행 계좌 있어?"

펭수가 손을 번쩍 들며 외쳤다.

"저희 초등학교 때 만들었어요!"

"잘했네! 그럼 은행 예금에 대해서도 배웠을 거야, 그치?" 미정 쌤이 고개를 끄덕이며 말했다. "은행에 예금을 하면 '이자'를 주잖아. 오늘은 그 이자 중에서도 정말 중요한 개념, 바로 '복리 효과'에 대해 배울 거야. 우선, 은행에서 보통 주는 '단리' 이자는 어떤 방식일까?"

펭수와 똘비는 '분명 배운 것 같은데…'하는 아리송한 표정이었다.

"은행에 원금 100만 원을 넣고, 이자를 연 8% 준다고 해 볼게. 만약 단리 이자를 받으면 매년 원금 100만 원에 대해서만 이자를 받게 돼. 매년 8만 원씩!"

"그럼 복리는요?"

똘비가 물었다.

"복리는 달라. 첫해에 받은 이자가 원금에 더해지고, 그다음 해에는 그 합친 금액에 또 이자가 붙는 거야."

"훨씬 크겠네요!"

펭수의 목소리가 한껏 높아졌다.

"완전 좋은데요?"

똘비도 신이 났다.

"이걸로 직접 보여줄게." 미정 쌤이 하얀 찰

흙 한 덩이를 꺼내 들었다. "이건 펭수 코딱지만 한 눈덩이야."

"예?? 그게 제 코딱지라고요? 저 나름 콧구멍 작아요!"

펭수가 항의했다.

그러거나 말거나, 미정 쌤이 찰흙을 점점 뭉치기 시작했다. 똘비가 그

모습을 보며 중얼거렸다.

"코딱지가 그렇게 커지면 콧구멍이 터지겠어요…."

쌤이 웃으며 말했다.

"펭수 콧구멍만 한 눈덩이가 눈을 조금 더 모았더니, 펭수 손바닥만 해

졌어. 처음엔 작게 시작한 게 점점 가속도

가 붙으면서 커진다는 것, 그러면서 엄청

난 눈덩이가 된다는 것! 이 눈덩이 효과가

바로 복리 효과랑 비슷한 거야."

펭수가 손을 번쩍 들었다.

"아, 그런 말도 있잖아요! '세계 여덟 번째 불가사의는 복리다. 이것을

이해한다면 돈을 벌 것이고, 이해하지 못한다면 돈을 낼 것이다!'"

"맞아, 아인슈타인이 복리에 대해서 '제8의 불가사의'라고 말했다는 설이 있지. 그 정도로 효과가 정말 엄청나." 미정 쌤이 고개를 끄덕였다.

"그런 말 들어본 적 없어? 1억을 처음 모을 때는 10년이 걸리지만, 1억을 2억으로 만들 때는 5년밖에 필요하지 않다. 이게 바로 눈덩이 효과야."

"돈이 돈을 굴리는 거군요…!"

똘비가 감탄했다.

"복리의 효과를 몸소 체험해 보기 위해, 계산을 한번 해 보려고 해."

똘비는 손사래를 쳤다.

"저 수학은 좀 힘든데요."

"괜찮아, 계산기로 하면 쉽잖아. 그럼 단리와 복리가 얼마나 큰 차이를 낼 수 있을지 한번 해 보자. 100만 원을 투자하는데 연 8%의 수익률이 발생한다고 가정하고, 단리일 때와 복리일 때 수익을 계산해 보는 거야."

펭수가 자신감 넘치는 표정으로 말했다.

"이래 봬도 저희가 정승제 선생님한테 배운 적이 있습니다! 저희는 이제 수포자수학포기자가 아니에요!"

"오케이! 그럼 바로 해 보자."

펭수가 계산기를 들었다.

"100만 원의 8%면… 바로 나오죠? 8만 원씩 계속 붙네! 복리는 8%가 그냥 붙는 게 아니고, 108만 원에 8%가 붙는 거지~~." 펭수는 계산기를 연신 눌렀지만, 뭔가 잘 되지 않는 눈치였다. "그렇다면 100만 원짜리 계산기 때려보면…. 백, 천, 만, 십만, 백만…."

자신의 손에 비해 너무 작은 계산기와 씨름하는 펭수를 옆에서 지켜보던 똘비가 물었다.

"잘 눌리고 있는 거 맞아요?"

"안 눌려! 하나도 안 눌려!"

"우린 손가락이 아니라 날개로 눌러야 하는데, 계산기를 큰 걸로 줘야지!"

똘비가 한숨을 쉬자, 쌤이 미리 준비해 둔 단리복리 계산표를 꺼내 들며 말했다.

"진정해, 진정해! 바로 정답을 보여 줄게. 단리로 100만 원을 넣고 이자를 계속 받으면, 12년 뒤에 268만 원이야. 그런데 복리로 12년간 이자를 계속 굴리면? 최종 금액이 503만 원이야. 대박이지?"

"복리 짱이다!" 펭수가 감탄했다. "와, 원금의 5배야."

"이게 말이 돼요?"

똘비가 믿을 수 없다는 표정을 지었다.

투자기간 (년)	단리 최종 금액	복리 최종 금액
1년	1,080,000	1,080,000
2년	1,160,000	1,166,400
3년	1,240,000	1,259,712
4년	1,320,000	1,360,489
5년	1,400,000	1,469,328
6년	1,480,000	1,586,874
7년	1,560,000	1,713,824
8년	1,640,000	1,850,930
9년	1,720,000	1,999,005 (100% / 원금 2배)
10년	1,800,000	2,158,925 (116% / 원금 2배 이상)
11년	2,200,000	3,172,169 (217% / 원금 3배)
12년	2,680,000	5,033,834 (403% / 원금 4배)

"여기서 재밌는 걸 알려 줄게. 복리의 법칙 중에 '72의 법칙'이라는 게 있어."

쌤이 칠판에 숫자 72를 크게 적었다.

"이게 좀 어려울 수 있는데, 원금이 두 배가 될 때 걸리는 시간을 쉽게 계산해 주는 법칙이야. 만약 8%의 수익률을 낸다고 하면, 72를 8로 나눠 주면 돼. 72 나누기 8은 9니까, 약 9년이면 원금이 두 배가 되는 거야."

펭수와 똘비의 표정이 동시에 멍해졌다.

"어려우니까 이건 패스~!" 둘의 반응을 본 쌤은 손을 내저었다. "그래서 가장 중요한 게 뭐겠어? 결론!"

미정 쌤이 손가락 하나를 치켜세우며 말했다.

"첫째, 하루라도 어릴 때 투자를 시작한다! 복리는 시간이 정말 중요하거든."

"워런 버핏 선생님께서도 열한 살 때부터 투자를 시작하셨죠."

쌤의 말에 펭수가 아는 척을 했다.

똘비가 갑자기 펭수를 가리키며 외쳤다.

"선배님! 선배님은 열 살이니까 지금 당장 시작하시면 워런 버핏 선생님보다 이른 거예요! 대박이에요!"

펭수가 주먹을 불끈 쥐었다.

"제가 새로운 역사를 쓰겠습니다!"

"우리 펭귄계의 가장 부유한 펭귄이 되어 보자고." 미정 쌤이 웃으며 말을 이었다. "둘째, 장기 투자한다. 복리는 확실히 시간이 길어질수록 효과가 높아지기 때문에 장기 투자를 해야 돼. 시장이 힘들다고 주식 팔지 말고, 장기적으로 버텨나가는 자세가 중요해!

그리고 셋째, 투자로 벌게 된 수익을 소비하지 않고 다시 투자한다. 배당금이나 주식 수익을 다시 재투자해서 투자할 수 있는 금액을 크게 만들어 놓으면, 거기에 이자가 붙고 또 이자가 붙으면서 수익을 극대화할 수 있어!"

"눈덩이처럼요!"

똘비가 외쳤다.

"다시 일어나~ 깎일수록 깨질수록~"

펭수가 크게 노래를 흥얼거리자, 똘비가 다시 한번 외쳤다.

"그 노래 제목은 '돌덩이'고요! 복리는 눈덩이라고요, 눈덩이!!"

하루라도 빨리 시작할수록 좋다

   ❝ 앞서 우리는 장기 투자가 승률을 높이고, 가치 투자가 좋은 기업을 고르는 기준이 된다는 걸 배웠습니다. 이 두 가지 무기를 장착했다면 이제 마지막 질문이 남았어요. "그래서 투자는 언제 시작하는 게 제일 좋을까요?"

이번 정답은 '지금 당장!'입니다. 투자에서 가장 강력한 무기는 천재적인 두뇌도, 엄청난 종잣돈도, 차트를 읽는 예리한 눈도 아니에요. 바로 누구에게나 공평하게 주어진 '시간'입니다. 그리고 이 시간의 힘을 폭발적으로 키워 주는 마법이 바로 '복리'죠.

많은 사람들이 이렇게 말합니다.

"지금은 가진 돈이 적으니 나중에 돈 많이 벌면 그때 할게요.", "지금 가격이 너무 높은 것 같은데, 나중에 살게요." 하지만 복리의 마법을 알고 나면, 이 '나중에'라는 말이 얼마나 어리석은 것인지 알게 될 거예요.

눈덩이가 굴러가는 원리

복리를 이해하려면 눈덩이를 떠올리면 돼요. 작은 눈덩이를 언덕 위에서 굴리기 시작하면 처음에는 크기가 별로 안 커지는 것 같죠. 하지만 계속 굴러 가면서 덩어리가 커지면, 나중에는 한 바퀴만 굴러도 엄청난 양의 눈이 붙습니다. 처음에는 주먹만 한 눈덩이가 집채만 해지게 되죠. (버핏은 이 표현을 너무나 좋아해서 자신의 자서전 제목도 《스노우볼》이라고 지었답니다. 이 이야기는 제1권 92~95페이지를 참고하세요.)

돈도 똑같아요. 복리란 원금에 붙은 이자가 다시 원금이 되어, 이자에 또 이자가 붙는 방식입니다.

예를 들어, 100만 원을 투자해서 매년 8%씩 수익을 낸다고 해 볼게요. 1년 차에는 8만 원이 붙어서 108만 원이 됩니다. 2년 차에는 108만 원에 대한 8%, 즉 8만 6,400원이 붙어서 116만 6,400원이 돼요. 3년 차에는 116만 6,400원의 8%인 9만 3,312원이 더해져서 약 126만 원이 됩니다.

처음엔 1만 원, 2만 원 차이 같지만, 이 과정이 10년, 20년, 30년 반복되면 결과는 상상을 초월해요. 불어난 돈이 또 돈을 불리는 구조니까요.

수익률 게임이 아니라 '시간 게임'이다

흔히 "투자는 수익률 싸움"이라고 착각합니다. "연 20% 수익 내는 대박 종목을 찾아야 해!"라고 생각하죠. 물론 수익률이 높으면 좋지만, 복리의 관점에서 더 중요한 건 '얼마나 오래 굴렸느냐'예요.

위에서 예로 든 것처럼, 원금 100만 원을 연평균 8% 수익률로 계속 굴린다고 가정해 볼게요. 시간이 지날수록 돈이 불어나는 속도가 어떻게 변하는지 보세요. 10년간 투자하면 216만 원으로 원금의 약 2.2배가 됩니다. 20년 투자하면 원금의 약 4.7배인 466만 원, 30년이면 약 10배인 1,006만원, 40년이면 약 21.7배인 2,172만 원, 그리

그림1 복리 효과 = 눈덩이 효과

고 50년이 지나면 무려 46.9배가 늘어나 4,690만 원이 되죠. 원금 100만 원을 복리로 넣어 두었을 뿐인데 말이에요!

복리를 이용하면 이렇게 시간은 10년씩 늘어나는 데 비해 돈은 2배, 4배씩 불어나요. 그러다가 나중에는 폭발적으로 늘어나요. 그러니 1~2% 수익률을 더 내려고 위험한 투자를 하는 것보다, 10년 일찍 시작해서 안전하게 굴리는 게 훨씬 확실하고 강력한 전략인 것이죠.

<h1 style="text-align:center">하루라도 빨리 시작하는 것이 유리한 이유</h1>

어떤 사람은 이렇게 생각할 수도 있습니다.

"10년 늦게 시작하면, 돈을 좀 더 넣으면 되잖아요?"

하지만 한 번 잃어버린 시간은 돈으로 메우기가 정말 힘듭니다. 이를 이해하기 위해, 이번엔 세 사람의 인생을 가상으로 그려 볼게요.

조건은 셋 다 똑같습니다. 매년 300만 원씩 적립하고, 연 7% 수익을 내며, 65세에 은퇴해서 계좌를 열어 보는 겁니다.

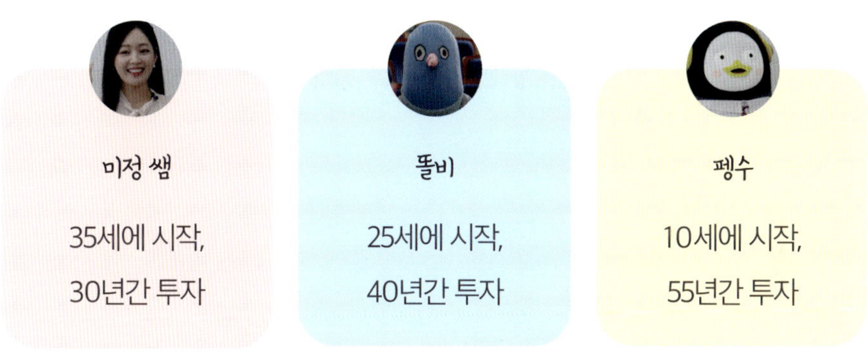

자, 65세가 되었을 때 이들의 통장 잔고는 얼마일까요?

최종 자산	최종자산	최종자산
3억 원	6억 4,000만원	18억 5,000만 원
총 투자금 9,000만 원	총 투자금 1억 2,000만 원	총 투자금 1억 6,500만 원

미정 쌤은 30년간 9천만 원을 투자해 약 3억 원을, 똘비는 40년간 1억 2천만 원을 투자해 약 6억 4천만 원을 모았어요. 하지만 10세에 시작한 펭수는 55년간 총 1억 6,500만 원을 투자해 무려 약 18억 5천만 원을 만들었죠.

펭수는 똘비보다 단 4,500만 원 더 투자했지만, 최종 자산은 약 2.9배나 많은 약 12억 원이나 차이가 납니다. 이것이 바로 복리의 마법이에요. 그리고 '언제 시작하느냐'가 '얼마를 모으느냐'보다 압도적으로 중요한 이유죠.

아래는 단리와 복리를 비교한 그래프입니다.

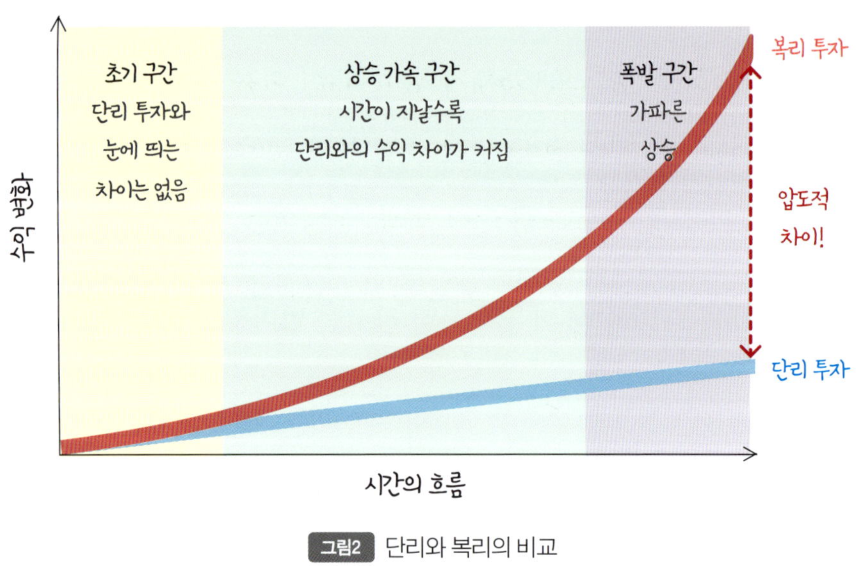

그림2 단리와 복리의 비교

그래프를 그려보면 처음에는 평평합니다. 노란색 구간초기 구간까지는 복리나 단리나 큰 차이가 없어요. 하지만 특정 시점을 지나면 상승폭이 커지며 차이가 서서히 벌어지기 시작합니다상승 가속 구간(연두색). 그리고 시간이 흐르다 보면 수익이 폭발적으로 치솟는 구간폭발 구간(보라색)이 나타나죠.

비행기가 활주로를 달려 속도를 내다가 이륙하는 것처럼, 투자의 결과도 폭발 구간에 이르렀을 때 추진력을 받아 크게 치솟는 거예요.

이것이 바로 워런 버핏이 세계 최고의 부자가 된 비결이에요. 워런 버핏은 열한 살부터 투자를 시작했지만, 그의 재산 99%는 65세 이후에 만들어졌다는 이야기, 기억하나요? 버핏에게는 65세부터가 바로 폭발 구간이었던 셈입니다.

버핏은 1930년 생으로, 95세가 넘었어요! 이른 나이에 시작했기 때문에, 65세부터 무려 30년 넘는 기간 동안 폭발 구간의 효과를 누릴 수 있었어요. 남들보다 훨씬 더 오래 '눈덩이를 크게 굴릴 시간'을 확보했기 때문에, 같은 수익률로도 천문학적인 부를 쌓을 수 있었던 거예요.

그런데 만약 투자를 늦게 시작하거나 중간에 그만두면 어떻게 될까요? 가장 큰 결과를 얻을 수 있는 마지막 폭발 구간을 통째로 포기하는 셈이 되어 버려요. 앞선 예시만 봐도, 10세에 시작하면 18억 원이 넘는데, 35세에 시작하면 3억 원에 그치고 맙니다.

시간은 그 무엇보다 값진 자산

투자를 미루는 사람들은 늘 "돈이 없어서요."라고 말해요. 하지만 적은 돈이라도 일찍 시작하는 게 나중에 큰돈으로 시작하는 것보다 낫습니다. "공부 좀 더 하고요."라고 하지만, 완벽하게 준비될 때까지 기다리는 동안에도 시간은 흘러가요. 작은 금액으로 직접 경험하며 배우는 게 훨씬 빠릅니다.

여러분은 지금 엄청난 행운을 쥐고 있어요. 어른들보다 훨씬 더 많은 '시간'이라는 자산을 가지고 있잖아요. 워런 버핏처럼 될 수 있는 기회가 여러분에게는 열려 있습니다. 당장 큰돈이 없어도 괜찮아요. 용돈을 아껴서 좋아하는 기업의 주식을 한 주씩 모아가는 것만으로도 충분합니다. 중요한 건 금액의 크기가 아니라 '시작 버튼'을 눌렀느냐는 거예요.

복리는 여러분을 기다려주지 않습니다. 하지만 일단 시작하면, 여러분이 잠든 사이에도 돈을 불려주는 가장 든든한 내 편이 되어줄 거예요. 가장 현명한 투자는 바로 '오늘' 시작하는 투자입니다.

간단한 복리 계산법, 72의 법칙이란?

72의 법칙은 투자금이 두 배로 불어나는 데 걸리는 시간을 쉽게 계산하는 방법이다. 복잡한 수학 공식 없이 암산으로 가능한 실용적인 도구로, 공식은 매우 간단하다.

72 ÷ 연간 수익률 = 원금이 2배가 되는 기간(년)

- 연 6% 수익률이라면 ⇨ 72 ÷ 6 = 12년 (원금이 2배)
- 연 8% 수익률이라면 ⇨ 72 ÷ 8 = 9년
- 연 10% 수익률이라면 ⇨ 72 ÷ 10 = 7.2년
- 연 3% 수익률이라면 ⇨ 72 ÷ 3 = 24년

반대로 목표 기간이 정해져 있는 경우에 필요한 수익률도 계산할 수 있다. 예를 들어, 10년 안에 돈을 두 배로 만들려면 72 ÷ 10 = 연 7.2%의 수익률이 필요하다.

그렇다면 왜 72일까?

72는 2, 3, 4, 6, 8, 9, 12 등 많은 숫자로 나누어떨어져 계산이 편리하기 때문이다. 수학적으로는 ln(2) × 100 ≈ 69.3에 가깝지만, 실용성을 위해 72를 사용하는 것이다.

이 법칙은 투자 결정 시 복리 효과를 직관적으로 이해하는 데 도움을 준다. 작은 수익률 차이가 장기적으로 얼마나 큰 차이를 만드는지 한눈에 파악할 수 있어, 투자 판단에 도움이 될 수 있다.

눈덩이에 터보 엔진을 달아라!

❝ 여기까지 잘 따라왔다면, 이미 부자가 되는 첫 번째 비밀을 안 것입니다. 그 비밀은 바로 "일찍 시작할수록 눈덩이복리 효과는 더욱 커진다." 는 것이죠.

그런데 복리 효과를 더 빠르고, 더 강력하게 만드는 두 번째 비밀이 있습니다. 바로 '재투자'인데요, 특히 배당금을 어떻게 쓰느냐에 따라 미래의 자산은 하늘과 땅 차이로 벌어지게 된답니다.

제2권에서 이미 배당에 대해 배웠으니 제2권 1-3교시 참고 여기서는 간단히 정리할게요. 배당이란, 기업이 벌어들인 순이익의 일부를 주주들에게 현금으로 나눠주는 것입니다. 주가는 매일 오르락내리락하지만, 배당금은 기업이 약속한 날짜에 정확히 입금됩니다. 배당주를 가지고 있다면, 그 주식을 보유한 만큼 정기적으로 현금을 받을 수 있죠.

배당금은 주식 계좌로 입금됩니다. 요즘은 알림 서비스도 발달되어 있어서, 앱이나 메신저로 "배당금이 입금되었습니다."라는 메시지가 오기도 해요.

만약 배당금을 받으면 어떤 생각이 들까요? "우와, 공짜 용돈 생겼다!"라는 기분에, 당장 그 돈으로 친구들과 치킨을 시켜 먹거나, 뭔가 사고 싶은 유혹이 올라올지 몰라요. 하지만 잠깐, 그 치킨 한 마리가 복리 엔진을 꺼버리는 행동일 수도 있어요!

복리는 눈덩이 전체가 커져야 힘을 발휘합니다. 그런데 배당금을 다 써버리면 눈덩이의 일부를 떼어내는 것과 같습니다. 원금이 줄어드니 불어나는 속도도 느려지겠죠.

반대로 배당금을 쓰지 않고 다시 그 주식을 사는 데 쓰면 어떻게 될까요? 주식 수가 늘어나고, 늘어난 주식에서 또 배당이 나오고, 그 배당으로 또 주식을 사게 됩니다. 원금이 계속 커지면서 이자에 이자가 붙는 속도가 빨라져요. 이것이 바로 재투자의 효과로, 복리라는 눈덩이에 터보 엔진을 다는 것과 같죠!

말로만 하니까 감이 잘 안 오죠? 숫자로 비교해 볼게요. 두 친구가 똑같이 좋은 기업(연 5% 성장, 배당률 5%)에 투자했다고 가정하겠습니다.

친구 A는 배당금을 받자마자 다 쓰고, 주가가 오르는 것만을 기다렸어요. 이 경우, 30년 후 A의 자산은 원금의 약 4배가 됩니다.

반면 친구 B는 배당금으로 그 기업의 주식을 또 사서, 연 10%의 복리 효과를 누렸어요. 이 경우, 30년 후 B의 자산은 원금의 약 17배가 됩니다.

	친구 A	친구 B
투자 전략	배당금을 받아 소비	배당금으로 추가 매수
연간 수익률	5% (주가 상승만)	10% (주가 상승 + 배당 복리)
30년 후 자산	약 4배 증가	약 17배 증가
차이	-	A보다 4.25배 많음

표3 엄청난 차이를 만드는 배당금 재투자의 힘

결과가 놀랍지 않나요? 같은 회사의 주식을 사서 똑같은 기간 동안 가지고 있었음에도, 배당금을 썼느냐 재투자했느냐에 따라 결과는 크게 벌어져요.

이러한 사실은 미국 S&P 500 지수에서도 증명돼요. 과거 64년 동안 S&P 500 지수의 수익률을 분석해 보면, 전체 수익의 약 85% 이상이 주가 상승이 아니라 배당금 재투자에서 나왔다고 해요출처 : Hartford Funds. 예를 들어, 1960년부터 64년간 S&P 500에 1만 달러를 투자했다면, 배당금 재투자 시 약 640만 달러가 됩니다. 하지만 배당 없이 주가만으로는 98만 달러에 그칩니다.

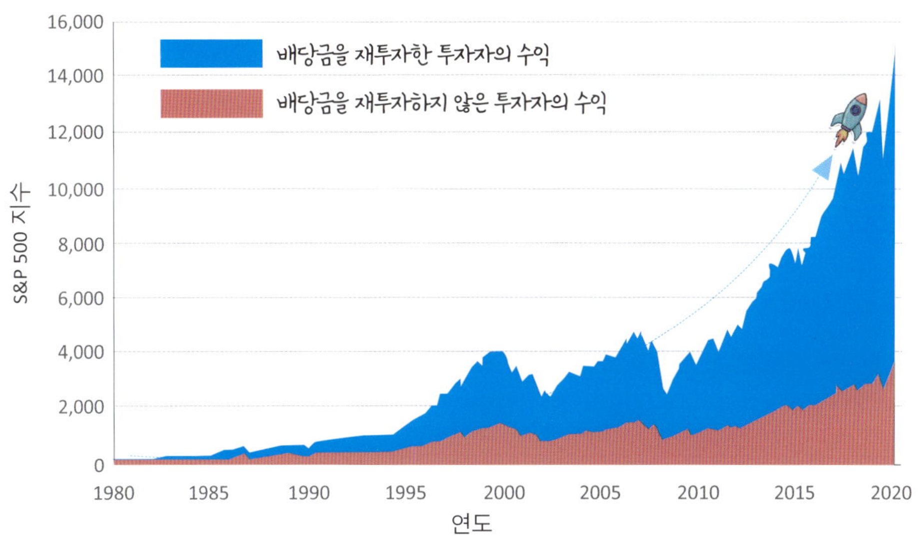

그림3 S&P 500 배당금 재투자 효과

자료 출처 : www.wealthycorner.com

위의 그래프를 보면 배당금을 재투자하지 않은 선은 완만한 언덕길 같지만, 재투자한 선은 시간이 지날수록 로켓처럼 가파르게 올라가는 걸 볼 수 있습니다. 장기 투자의 진짜 위력은 재투자까지 해야 비로소 완성된다는 걸 알 수 있죠.

투자에서는 좋은 기업을 고르는 것만큼이나, 수익을 어떻게 관리하느냐가 중요합니다. 배당금이든, 주가 상승으로 인한 수익이든, 다시 눈덩이에 붙여 주세요. 재투자는 자산을 폭발적으로 성장시키는 가장 확실한 방법입니다!

복리 시뮬레이션 게임 속으로

이곳은 55세가 되는 시점까지 가장 큰 자산을 만든 사람이 승리하는 게임 세계입니다. 당신은 10세, 20세, 30세 중 원하는 시점에서 시작할 수 있습니다. 단, 언제 시작하든 20세, 30세가 되면 추가 자금을 계속 투자할 수 있어요!

1단계 **시작 나이를 선택하세요**

 10살
10만 원

 20살
100만 원

 30살
1,000만 원

힌트! 10살부터 시작해도 20살이 되면 알바비를, 30살이 되면 월급을 받아서 투자에 사용할 수 있어요. 즉, 10세부터 시작한 사람은 총 10만 + 100만 + 1,000만 원을, 20세에 시작한 사람은 100만 + 1,000만 원을, 30세에 시작하면 1,000만 원을 투자하게 됩니다.

2단계 **복리 시뮬레이션을 확인하세요.** (연 수익률 7%, 55세 시점의 자산)

총 투자금 1,110만 원
⇨ **1억 4,300만 원**

총 투자금 1,100만 원
⇨ **8,400만 원**

총 투자금 1,000만 원
⇨ **5,400만 원**

- 모두 비슷한 금액을 투자했지만, 시작 시점에 따라 결과가 얼마나 달라졌나요?
- 당신이 오늘부터 투자한다면, 미래에 어떤 자산을 만들 수 있을까요?

활동지 작성 TIP 이 사고실험은 비슷한 총 투자금을 가지고도 자산 결과가 다른 이유를 생각해 보기 위한 것입니다. 복리는 액수보다 시간이 더 중요하다는 것에 초점을 맞춰 보세요!

배당금 재투자로 복리효과 극대화하기

1단계. 10년 뒤, 얼마나 차이가 날지 계산해 보기

튼튼 참치

주가 : 10만 원

배당금 : 연 5천 원(5%)

가정

투자 기간 : 10년

초기에 100만 원을 투자해서, 10주를 샀다.

1 배당금을 전혀 재투자하지 않았을 때

- 매년 받는 배당금 : ____________원 (10년 동안 총 ____________원 배당)
- 10년 후 주식 수　 : ____________주

2 배당금을 전부 재투자했을 때

- 첫 해 배당금　　 : ____________원 (배당금으로 추가 매수할 수 있는 주식 수 : ____주)
- 다음 해 배당금 : ____________원
- 위 과정이 반복되면 10년 후 주식 수 : ____________주

2단계. 배당금 재투자 실습

1 내가 가진 / 가지고 싶은 주식의 배당금 계산하기

- 종목명 : _______________(종목 코드 __________)
- 보유 주식 수 × 주당 배당금 : __________×__________ = __________원/달러

2 배당금 → 추가 매수 가능한 주식 수 계산하기

- 배당금 ÷ 현재 주가 : __________÷__________ = __________주 추가 매수!

3 다음 해 배당금 예상하기

- (기존 주식 + 추가 주식) × 주당 배당금 :
  (__________+__________) × __________= __________원/달러

3단계. 복리 효과를 극대화하는 3원칙 이해하기

- 다음 중 복리 효과를 극대화하는 3가지는?
  - ☐ 빨리 시작하기　　☐ 배당금 소비하기　　☐ 오래 보유하기
  - ☐ 수익 재투자하기　　☐ 주가가 오르는 대로 팔기

- 세 가지 원칙 중 가장 실천하기 어려운 것과 지금 당장 실천할 수 있는 것은?

CHECK POINT!

☐ 배당금 재투자가 복리의 효과를 극대화한다는 것을 이해했는가?

☐ 내가 받는 배당금이 재투자되어 어떤 결과로 이어지는지 계산할 수 있는가?

정답 : **1단계** **1** 5만 원, 50만 원, 10주　**2** 5만 원, 0.5주, 52500원, 16.29주
3단계 빨리 시작하기, 오래 보유하기, 수익 재투자하기

싼 게 비지떡?
진짜 가치를
찾아라!

▷ 이번 시간
유튜브 영상 보기

"우리가 가치 투자를 해야 한다고 했잖아. 그런데 가치와 가격, 이게 같은 걸까? 다른 걸까?"

미정 쌤이 말했다.

"가치와 가격이요?"

펭수가 고개를 갸웃했다.

"가치와 가격은 같이 가는 거죠!"

똘비가 자신 있게 대답했다.

"라임은 좋았으나…" 미정 쌤이 피식 웃었다. "가치와 가격은 좀 다를 수 있어!"

"봐봐. 6월에 닌텐도 스위치2가 나온대. 그런데 이런 비싼 게임기가 있고, 1,000원짜리 빵이 있어. 지금 너희들한테 이 두 개 중에 하나를 고르라면 뭘 고르겠어?"

"당연히 빵이죠!"

똘비가 외쳤다. 펭수도 동시에 대답했다.

"당연히 스위치죠."

"좋아. 그럼 이번에는 무인도에 갔다고 생각해 보자. 당장 먹을 게 하나도 없는 상황이야. 100만 원짜리 스위치2랑 1,000원짜리 빵 중에서 너희들은 뭘 고르겠어?"

"당연히 스위치죠!"

펭수가 또다시 외쳤다.

"아니, 배고픈데??"

똘비가 황당한 표정을 지었다.

"배고픈 건 알아서 사냥해 먹고! 우린 새잖아.

근데 무인도에 사람도 없는데 심심하면 어떡해!"

"빵은 먹어야지…."

"사람은 외로워도 죽어~, 심심해도 죽어~."

펭수가 진지하게 말했다.

"자, 여기까지!" 미정 쌤이 손뼉을 쳤다. "내가 하고 싶었던 말은 가격과 가치가 꼭 동일하지는 않다는 거야. 무인도에 가면 1,000원짜리 빵이 더 가치 있는 게 되듯이, 가격과 가치는 다를 수 있다는 걸 알아야 해.

그럼 가치에 비해서 싼 기업과 비싼 기업을 확인할 수 있는 방법을 가르쳐 줄게. 그런데 그냥 알려주면 심심하니까, 게임을 해서 정답을 맞추면 그 방법을 알려줄게!"

"오! 재밌겠다!"

펭수와 똘비가 동시에 환호했다.

"너희들이 아주 글로벌한 친구들이라고 해서, 수도 맞추기 게임을 해

보려고 해. 나라 이름을 말하면 수도를 맞

추는 거야. 자, 첫 번째! 멕시코!"

"멕시코, 타코!"

똘비가 재빨리 외쳤다.

"와아, 내가 먼저 말하려고 했는데!"

펭수가 아쉬워했다.

"하하하. 맞았죠?"

똘비가 확신에 찬 표정을 지었다.

"멕시코에 타코가 유명하긴 하지만, 정답은 아니야."

"브리또! 브리또!"

펭수가 외쳤다.

"브리또도 맛있긴 하지만…" 미정 쌤이 힌트를 줬다. "멕시코에다가

'도시'를 합쳐봐."

"멕시코 도시!"

"앗, 펭수가 거의 근접했어. 그걸 영어로 말하면 뭐지?"

"멕시코시티!"

정답이 나오자 미정 쌤이 펭수에게 봉투 하나를 건넸다.

"자, 첫 번째 힌트야. 열어 보시죠!"

펭수가 봉투에서 카드를 꺼냈다.

“시가총액?”

“시가총액은 기업의 가치를 평가할 수 있는 지표야. 간단하게 말하면 주가에 발 행된 주식 수를 곱한 게 바로 시가총액이 되는 건데, 기업의 규모와 전체 가치를 파악할 수 있는 지표지. 줄여서 ‘시총’이라고도 해.”

미정 쌤이 두 기업의 예시를 보여줬다.

“예를 들어 볼게. A 회사는 애니메이션을 만들고, B 회사는 참치를 만 들어. 둘 중 주가는 A 회사의 주가가 훨씬 높았어.”

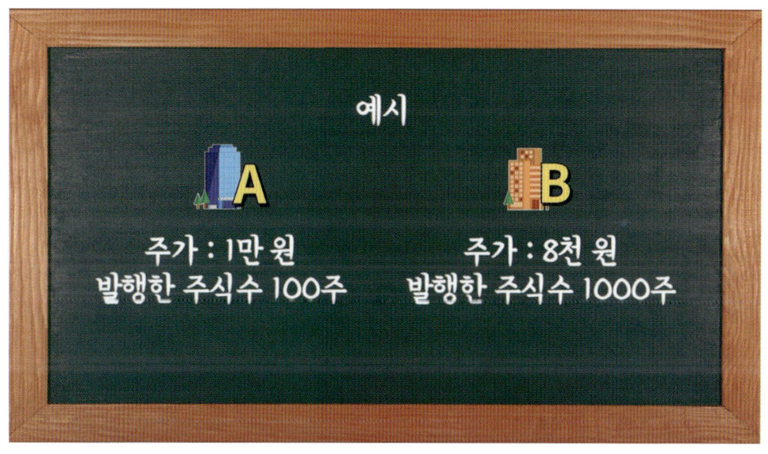

“그런데 시가총액으로 보면, 참치 통조림을 만드는 회사의 시가총액이 훨씬 더 높았고, 규모가 더 컸어. 그래서 한 주당 주가가 아니라 시총을 봐야 그 기업의 규모를 알 수 있다는 거야! 알겠어요?”

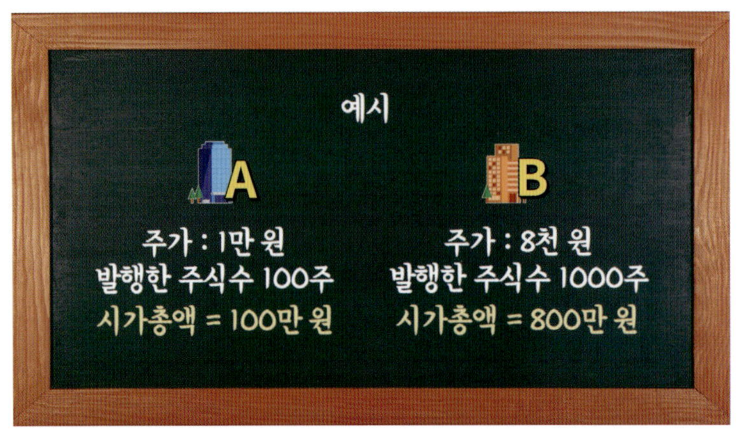

"다음 지표를 설명해 주기에 앞서서, 게임을 해야겠지? 이번 게임은 초성으로 영화 제목 맞추기! 첫 번째 문제입니다."

쌤이 스케치북에 'ㅂㅈㄷㅅ'을 썼다.

"아, 이런 건 또 제 전공이죠!"

"바지다사? 바지더삼?"

뽈비가 중얼거렸다.

"박장대소?"

펭수가 외치자, 옆에 있던 제작진들이 웃음을 터뜨렸다.

"맞는데? 박장대소?"

뽈비가 고개를 갸웃했다.

"박장대소도 되긴 하는데…, 아니야, 내가 원한 정답은 아니야." 미정 쌤이 갑자기 마동석 흉내를 내며 말했다. "나 여기 아트박스 사장이야."

펭수와 똘비가 빵 터졌다.

"아, 아! 나 이거 알아!"

펭수가 손을 들었다.

"범죄도시!"

똘비가 먼저 외쳤다.

"정말 열심히 퀴즈를 맞춰줬는데, 너무 잘 맞춰준 관계로 둘에게 모두 힌트를 줄게. 열어 봐!"

먼저 펭수가 카드를 열었다. 카드에는 'EPS' 라는 세 글자가 적혀 있었다.

"왓쳐 이피에스?"

펭수가 영어 발음을 흉내 냈다.

"우선 EPS부터 설명해 줄게. 재무제표에서도 나오는 단어인데, 바로 '수당 순이익'이라는 말이야. 기업이 벌어들인 순이익을 유통되는 주식 수로 나눈 값을 뜻하는데, 한 주당 얼마의 이익을 냈느냐를 알 수 있는 지표야. EPS가 높으면 그만큼 이익을 많이 냈다고 해석하면 돼. 그러면 EPS가 높으면 좋을까? 낮으면 좋을까?"

"높은 거요!" 똘비가 대답했다.

"맞아, 높으면 높을수록 좋아. 다다익선처럼 '고고익선'이라고 할 수 있지. 단순히 숫자 크기만 봐서는 안 돼. EPS를 볼 때도 여러 가지를 고려해야 하거든.”

“어떤 점을요?”

“시장에서는 항상 예상치를 내놔. 기업이 실적을 발표할 때 ‘이 기업의 EPS가 이번에는 주당 3달러일 것 같다, 5달러일 것 같다’ 미리 예상을 하는 경우가 있거든. 예상치와 잘 맞는지를 봐야 하고, 전년에 비해 EPS가 얼마나 높아졌는지, 전 분기 대비해서는 얼마나 달라졌는지 같은 것들을 종합적으로 고려해야 해.”

“다음, 똘비가 받은 지표는?”

“퍼어어~ PER!”

똘비가 카드를 들어 보였다.

“PER은 현재 주가가 주당 순이익의 몇 배인가를 알 수 있는 지표야. 한국말로 하면 ‘주가 수익 비율’이라고 해. 예를 들어 볼게. 어떤 회사의 EPS가 4,000원이고 주가가 20,000원이면, 이 기업의 PER은 얼마일까?”

“5배!”

펭수가 외쳤다.

“와! 잘한다!”

똘비가 감탄했다.

"맞아! PER을 보면 버는 돈에 비해서 이 기업이 적정한 가치를 시장에서 인정받고 있는지 알 수 있어. 보통 PER이 낮으면 저평가된 기업으로, 이 기업이 버는 이익에 비해서 저평가된 것으로 해석하면 돼. 반대로 PER이 높으면 이 기업이 벌어들이는 이익에 비해서 고평가되고 있다고 분석하면 돼. 즉, 버는 돈에 비해 주가가 비싸다고 볼 수 있지."

"자, 그러면 이번 교시에 배운 걸 종합해 볼까?"
미정 쌤이 칠판에 세 가지 지표를 정리했다.

"아주 쏙쏙 들어옵니다."
펭수가 고개를 끄덕였다.

"아주 뿌듯한데!" 미정 쌤이 웃었다. "이렇게 배운 시가총액, EPS, PER을 활용해

서 기업들이 내는 공시나 거시경제 지표들을 잘 파악하면 회사의 가치를

더 잘 파악할 수 있을 거야. 앞으로 이렇게 할 수 있겠어?"

"네!"

펭수와 똘비가 힘차게 대답했다.

"아주 좋아. 그럼 오늘 배운 내용, 어렵지만 잘 기억하도록 하고. 우리
는 다음 시간에 보도록 하자!"

진짜 가치를 어떻게 알 수 있을까?

  지금까지 투자의 가장 강력한 무기인 '시간'과 '복리'에 대해 배웠
습니다. 이제 투자자로서의 마음가짐은 훌륭하게 갖춰졌으니, 본격적으
로 실전 기술을 익힐 차례예요.

주식 투자를 할 때 우리가 내려야 할 판단은 결국 딱 하나예요. "지금
이 기업의 가격이, 진짜 가치보다 싼가? 비싼가?"

이 질문에 답할 수 있다면, 더 이상 감으로 찍는 투자가 아니라 논리적
인 투자를 할 수 있게 돼요. 그러기 위해서는 가장 먼저 '가격'과 '가치'가
서로 다르다는 사실부터 이해해야 합니다.

　　　　　　　　　　　　　　　펭수야~ 학교 가자! 3

가격은 널뛰지만, 가격은 묵직하다

가치 투자에 관해 배우며, 이미 가격과 가치의 차이에 대해 이야기했었죠. 32~34페이지 참고 그 둘의 차이는 정말 중요한 주제라, 다시 한번 정리하겠습니다.

가격의 특징은 매순간 변한다는 것입니다. 주식 시장의 가격, 즉 주가는 아침에 올랐다가 점심때 떨어지기도 하고, 뉴스 한 줄에 급등했다가 뜬소문 하나에 폭락하기도 해요. 아주 변덕스러운 친구 '미스터 마켓'을 기억하죠? 가격은 미스터 마켓에게 쉽게 휘둘립니다.

반면, 가치는 쉽게 변하지 않습니다. 그 기업이 속한 산업, 가지고 있는 공장이 하루아침에 사라지지 않아요. 쌓아온 기술력이 갑자기 증발할 확률도 거의 없습니다. 단골 고객들이 한순간에 전부 떠나는 일도 드물고요. 제아무리 변덕스러운 미스터 마켓이라도, 기업의 진짜 가치를 흔들 수는 없죠.

즉, 가치는 천천히 드러나는 '실력'이고, 가격은 빠르게 변화하는 '평판'에 비유할 수 있습니다. 가치 투자자는 바로 이 틈을 노립니다. 기업의 실력은 탄탄한데 시장의 오해로 가격만 떨어졌을 때, 바로 그때가 좋은 기회인 거죠.

많은 초보자가 하는 가장 위험한 오해가 있어요.

"A 기업 주식은 1주당 1만 원이고, B 기업은 30만 원이래요. 그럼 A 기업이 훨씬 싼 거 아니에요?"

여기까지 함께 공부해 온 분들이라면 정답을 알 텐데요, 답은 '모른다'입니다. 이건 마치 "피자 한 조각이 1천 원이면 싸고, 피자 한 판이 2만 원이면 비싸다."라고 말하는 것과 같아요. 피자 한 조각이 손톱만 할 수도 있고, 피자 한 판이 책상만 할 수도 있잖아요? 크기를 모른 채 가격만 보고 싸다 비싸다를 판단할 수는 없죠.

주식도 마찬가지입니다. 1만 원짜리 주식인데 실제 가치가 5천 원이라면 비싼 거예요. 반대로 30만 원짜리 주식인데 실제 가치가 50만 원이라면 오히려 저렴한 거죠.

그래서 우리는 가격표만 보는 습관을 버리고, 기업의 진짜 덩치를 보는 법을 배워야 합니다. 그 첫 번째 열쇠가 바로 '시가총액'이에요.

시가총액Market Capitalization, 줄여서 Market Cap이라고 함은 기업을 시장 가격으로 통째로 샀을 때 얼마인지를 보여주는, 기업의 '진짜 몸무게'입니다.

계산법은 간단합니다. 주가에 발행 주식 수를 곱한 값이에요.

여기 두 기업이 있습니다.

A 기업은 주가가 1만 원이고 주식 수가 1,000만 개예요. 시가총액은 1,000억 원입니다.

B 기업은 주가가 5,000원이고 주식 수가 1억 개예요. 이 경우, 시가총액은 5,000억 원이 됩니다.

주가만 보면 A 기업1만 원이 B 기업5,000원보다 2배 비싸 보여요. 하지만 시가총액을 보면 B 기업이 A 기업보다 5배나 더 큰 회사라는 걸 알 수 있습니다. 즉, 기업의 실제 크기를 기늠할 수 있는 거죠.

이처럼 겉모습주가만 봐서는 그 회사가 얼마나 큰지 알 수 없습니다. 반드시 체중계에 올려 봐야 진짜 체급을 알 수 있습니다.

가격과 가치의 차이를 알고, 기업의 진짜 크기인 시가총액까지 이해했다면 이제 본격적으로 가치 평가를 할 준비가 된 거예요.

그렇다면 기업의 가치는 어떻게 알 수 있을까요? 바로 이때 등장하는 개념이 EPS주당 순이익와 PER주가 수익 비율입니다.

주식 1주의 가격만 봐서는 안 된다고 했죠? 기업 전체의 크기시가총액를 먼저 보고, 다음으로 "이 기업이 벌어들이는 돈이 어느 정도인가EPS"를 보고, 마지막으로 "가격 대비 이익이 큰가, 작은가?PER"를 판단해야 해요. 즉, 이렇게 투자 판단은 이렇게 흘러가야 합니다.

가격은 그냥 숫자일 뿐
⇩
시가총액을 통해 기업의 실제 크기를 보고
⇩
EPS를 통해 기업의 '진짜 이익'을 확인하고
⇩
PER을 통해 가격과 가치가 어긋나 있는 순간을 찾는다!

이런 과정을 거치면 '주가가 저렴하면서 가치가 높은 기업'을 찾을 수 있습니다. 이것이 바로 가치 투자의 핵심입니다.

이 기업, 돈을 얼마나 잘 벌까?: EPS

❝ 덩치가 크다고 무조건 싸움을 잘하는 건 아니죠? 이제는 그 덩치 안에 숨겨진 진짜 근육, 즉 실력을 확인해야 합니다.

주식 투자에서 기업의 실력은 딱 하나로 증명돼요. 바로 '돈을 얼마나 잘 버느냐'입니다. 이 능력을 아주 간단하고 직관적인 숫자로 보여주는 도구가 바로 EPS'이피에스'라고 읽음예요.

EPS는 영어로 어닝 퍼 셰어Earnings Per Share, 우리말로는 '주당 순이익'이라고 해요. 말 그대로 "주식 1주가 1년 동안 얼마를 벌었나?"를 나타내는 성적표입니다.

EPS를 알기 위해서는 기업이 번 전체 돈, 즉 순이익을 주식 개수로 나누면 됩니다.

어떤 기업이 1년 동안 1,000억 원을 벌었는데, 시장에 발행된 주식이 1억 주라고 해 봅시다. 1,000억 원을 1억 주로 나누면 1,000원이 나와요. 즉, 여러분이 이 회사의 주식 1주를 가지고 있다면, 그 1주는 1년에 1,000원어치의 이익을 내고 있다는 뜻이에요.

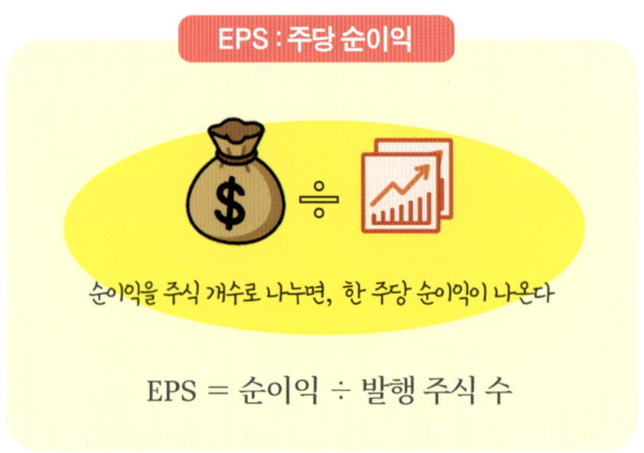

주가는 사람들의 기분에 따라 매일 출렁이지만, 기업이 실제로 번 돈인 EPS는 쉽게 흔들리지 않습니다. 그래서 EPS를 보면 기업의 맨얼굴을 볼 수 있어요.

EPS가 높다면 이 회사가 돈을 잘 벌고 있고, 체력이 튼튼하다는 뜻이에요. 반대로 EPS가 낮거나 마이너스라면 돈을 잘 못 벌고 있다는 신호예요. EPS는 기업이 얼마나 튼튼한지를 보여주는 가장 정직한 성적표인 셈이죠.

좋은 기업은 EPS가 꾸준히 오른다

장기 투자자가 사랑하는 최고의 기업은 어떤 기업일까요? 바로 EPS가 매년 꾸준히 늘어나는 기업입니다.

EPS가 계속 오른다는 건 무슨 뜻일까요? 물건이 잘 팔리고, 비용을 잘 관리하고 있으며, 시장에서 인기가 많아지고 있다는 증거예요. 실력이 매년 좋아지는데 주가가 가만히 있을 리 없겠죠? 결국 주가도 EPS를 따라 천천히, 하지만 확실하게 오르게 됩니다.

그래서 가치 투자자들은 1년 치 성적만 보지 않아요. '3년 전보다 올랐나?', '10년 동안 꾸준히 성장했나?' 이렇게 긴 흐름을 살핍니다.

그럼 EPS가 높으면 무조건 사야 할까요?

다음 질문에 답해 보세요.

"A 기업은 EPS가 5천 원이고, B 기업은 2천 원입니다. A 기업이 무조건 더 좋은 걸까요?"

정답은 '가격표를 보기 전까진 모른다.'입니다. 물건이 아무리 좋아도 가격이 너무 비싸면 좋은 투자가 아니거든요.

A 기업은 EPS가 5천 원인데 주가가 50만 원이라면 어떨까요? 꽤 비싸 보이죠. 반면 B 기업은 EPS가 2친 원인데 주가가 2민 원이라면요? 오히려 싸 보여요.

이처럼 EPS는 '이 기업의 실력이 좋다.'는 걸 알려주지만, '지금 가격이 싼지 비싼지'까지는 알려주지 않아요. 이런 가격 대비 가치, 즉 가성비를 판단하기 위해 필요한 것이 바로 PER, 주가 수익 비율입니다.

지금 이 가격, 비싼 걸까? 싼 걸까?: PER

❝ 시가총액으로 덩치를, EPS로 실력을 확인했더니 돈도 잘 벌고 덩치도 큰 회사를 찾았어요! 그렇다면 이 회사의 주식을 사면 되는 걸까요?

잠깐, 마지막 관문이 남았습니다. 아무리 좋은 물건이라도 가격이 터무니없이 비싸면 현명한 소비가 아니잖아요? 주식을 살 때도 '이 기업의 주가는 지금 제값일까? 아니면 버블일까?'를 판단해야 해요.

이 질문에 답하기 위해 필요한 도구가 바로 PER'피이알' 또는 '퍼라고 읽음입니다.

PER은 영어로 프라이스 어닝 레이쇼Price Earnings Ratio, 우리말로는 '주가 수익 비율'이라고 불러요. 말이 좀 어렵죠? 쉽게 말해 "이 회사가 버는 돈에 비해, 주가가 몇 배나 높은가?"를 보여주는 숫자입니다.

계산법은 현재 주가를 1주당 버는 돈, 즉 EPS로 나누면 됩니다.

어떤 회사의 주가가 50,000원이고 EPS가 5,000원이라면, PER은 50,000을 5,000으로 나눈 10배가 됩니다.

이 '10배'라는 숫자가 무슨 뜻이냐고요? "지금 이 회사를 사려면, 이 회사가 1년 동안 버는 이익의 10배를 줘야 한다.”는 뜻이에요. 다르게 말하면, “내가 투자한 돈을 회사가 번 돈으로 회수하려면 10년이 걸린다.”는 의미이기도 합니다.

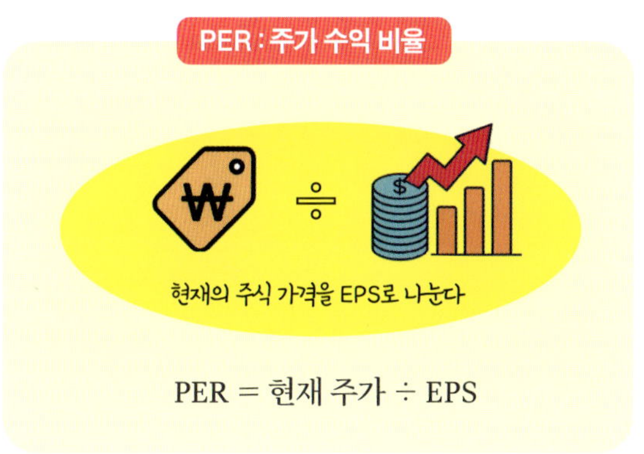

PER이 낮으면 무조건 저렴한 걸까?

보통 사람들은 이렇게 생각해요. PER이 낮으면, 예를 들어 5배 정도면 “싸다, 저평가됐네.”라고 하죠. PER이 높으면, 예를 들어 50배 정도면 “너무 비싸, 고평가됐군.”이라고 하고요.

기본적으로는 맞는 말이지만, 우리는 항상 ‘시장의 함정’을 조심해야 해요. PER이 낮다는 건 저렴하다는 뜻일 수도 있지만, 어쩌면 인기가 없다는 증거일 수도 있거든요. 다시 말해, 진짜 저평가되어서 PER이 낮을 수도 있지만, 회사의 미래가 어두워서 사람들이 관심을 안 주는 것일 수도 있어요.

반대로 PER이 높다고 해서 무조건 고평가, 버블이라고 할 수만도 없답니다. 회사가 앞으로 크게 성장할 것이라는 기대 때문에, 웃돈을 주고서라도 사려는 사람이 많다면 PER이 높을 수 있으니까요.

그래서 PER을 볼 때는 단순히 숫자만 보는 게 아니라, '왜 이 숫자가 나왔지?'를 해석해야 합니다.

PER 해석하기 1 기대감을 읽어라

PER은 주식 시장의 '기대감 측정기'와도 같아요.

바이오, AI, 게임 같은 새로운 산업에 속한 기업들은 PER이 높은 경우가 많아요. '이 회사는 앞으로 크게 성장할 거야!'라는 기대가 커서, 지금 돈을 좀 못 벌어도 주가가 높게 형성됩니다.

반면 은행, 철강, 제조 같은 전통적인 산업에 속한 기업들은 PER이 낮은 경우가 많아요. '이 회사는 돈은 잘 벌지만, 성장은 다 끝났어.'라고 생각해서, 이익이 많아도 주가는 낮게 거래되곤 하죠.

가치 투자자는 여기서 기회를 찾습니다. 남들은 성장이 끝났다고 생각해서 관심을 끄는데, 알고 보니 숨겨진 성장 가능성이 있는 회사가 있다고 해 볼게요. 그런 회사의 PER이 낮아져 있을 때, 미리 사 두면 나중에 큰 수익을 얻을 수 있을 거예요. 이것이 바로 저평가된 가치주를 찾는 방법입니다.

PER 해석하기 ② 편견 뒤에 숨은 가치를 찾아라

실제로 이런 방식으로 성공한 사례가 있을까요? 여러분이 잘 아는 '애플'과 '도미노피자'가 바로 그 주인공이에요. 두 기업 모두 한때는 "이제 성장은 끝났어."라는 혹평을 들으며 PER이 낮아졌던 시절이 있었거든요. 그때 가치 투자자들은 어떤 것을 발견했을까요?

"아이폰이 안 팔린다고?" 워런 버핏의 애플 투자(2016년)

지금은 세계 1등 기업인 애플도 2016년 무렵에는 위기설에 시달렸습니다. "아이폰은 이제 누구나 다 가지고 있어. 더 이상 판매량이 늘지 않을 거야. 애플의 혁신은 끝났어!" 사람들이 실망하면서 애플 주식을 팔아치우자, PER은 약 10배 수준까지 떨어졌어요. 당시 미국 주식 시장을 대표하는 S&P 500 지수에 속한 기업들의 평균 PER이 20배가 넘었던 걸 생각하면 저평가 취급을 받은 셈이죠.

하지만 투자의 대가 워런 버핏은 바로 이때 애플 주식을 대량으로 사들이기 시작했습니다. 남들과는 다른 숨겨진 가치를 봤거든요. 그는 이렇게 생각했어요.

"애플은 기계를 만들어 파는 제조 회사가 아니라, 사람들의 습관을 지배하는 소비재 회사다."

버핏은 사람들이 아이폰을 한 번 쓰면 사진, 앱, 음악 때문에 다른 폰으로 쉽게 바꾸지 못한다는 사실에 주목했어요. 이를 '락인 효과'라고 하는데, 한 번 들어오면 쉽게 빠져나가지 못하는 현상을 말해요. 버핏은 "기계 판매량은 줄어도, 그 안에서 앱을 결제하고 음악을 듣는 서비스 매출은 엄청나게 늘어날 거야!"라고 예상했습니다.

결과는 어땠을까요? 애플은 버핏의 예상대로 서비스 기업으로 진화했고, PER은 다시 30배 가까이 올랐습니다. 남들이 한물갔다며 싼값에 팔아버릴 때, 숨겨진 가치를 보고 사들인 버핏은 애플 투자로만 무려 100조 원이 넘는 수익을 올렸어요. (애플의 '락인 효과'에 대해서는《10대를 위한 워런 버핏 경제 수업》을 참고하세요!)

"피자 회사가 아니라 IT 회사입니다만?" 도미노피자의 대반전(2010년)

2010년 즈음, 미국의 도미노피자는 망하기 일보 직전이었습니다. 맛이 없다는 소문이 퍼지며 주가는 바닥을 기었고, PER도 낮았어요. 사람들은 입을 모아 "피자 시장은 이제 끝났어. 성장할 곳이 없어."라고 말했습니다.

하지만 도미노피자는 포기하지 않았어요. 맛을 개선하는 건 기본이고, 남들이 생각지 못한 무기를 꺼내 들었는데요. 바로 IT 기술이었어요. 도미노피자는 이렇게 결심했습니다.

"우리는 피자를 파는 게 아니라, 피자를 파는 IT 기업이 되겠다!"

다른 피자 가게들이 전단지를 돌릴 때, 도미노피자는 편리한 주문 앱을 만들고, 내 피자가 어디쯤 오고 있는지 보여주는 배달 추적 시스템을 개발했습니다. 지금은 흔한 서비스이지만 당시에는 새롭고 편리한 기술로 받아들여졌어요. 소비자들은 "주문이 재밌고 엄청 편해!"라며 열광하기 시작했죠.

그 결과, 2008~2009년 위기 당시 2~6달러였던 주가는 2021년 약 536달러까지 치솟았습니다. 최저점 대비 무려 200배 이상 오른 거예요! 이는 같은 기간 구글약 7배이나 아마존약 30배의 주가 상승률보다 훨씬 높은 기록이었습니다. '피자 회사는 성장성이 없다.'는 편견을 깨고, '기술을 입은 음식'이라는 새로운 가치를 증명해 낸 덕분이었죠.

이 두 사례의 공통점은 무엇일까요? 시장의 편견 때문에 가격이 낮아졌을 때, 남들이 못 본 반전의 열쇠를 찾아냈다는 점이에요.

애플의 열쇠는 하드웨어가 아닌 '생태계와 서비스'였고, 도미노피자의 열쇠는 단순한 음식이 아닌 'IT 기술의 편리함'이었습니다.

PER이 낮아진 기업을 봤다면, 그냥 지나치지 말고 한 번 더 생각해 보세요. "혹시 사람들이 모르는 이 기업만의 숨겨진 강점이 있지 않을까?" 그 질문 속에 좋은 투자 기회가 숨어 있을지도 모릅니다.

마지막으로 이번 장에서 배운 것을 정리해 보겠습니다. 여러분은 시가총액으로 덩치를 확인하고, EPS로 실력, 즉 버는 돈을 확인하고, PER로 가성비, 즉 가격이 적정한지를 확인하는 방법을 배웠어요. 이 세 가지를 연결하면 "이 기업은 실력도 좋은데, 지금 가격도 합리적이구나!"라는 결론을 내릴 수 있게 될 것입니다.

회사의 진짜 크기를 확인하자

똘비가 두 회사를 조사했어요. 두 회사 중 어떤 기업이 더 큰 회사일까요?

주가 5만 원짜리 회사는 주가 1천 원짜리 회사보다 큰 회사일까요, 아닐까요?

	A기업	B기업
주가	1,000원	50,000원
발행 주식 수	10억 주	100만 주
이익	연 2,000억 원	연 5,000억 원

 ## 더 알아볼 것 & 생각해 볼 점

● 처음엔 어떤 회사를 더 '크다'고 느꼈나? 왜 그렇게 생각했는가?

● 두 회사의 시가총액은 A 기업 10조 원, B 기업 5천억 원이다. 시가총액을 보고 나니, 생각이 바뀌었는가?

● 주가가 높다고 해서, 꼭 회사가 크다고 할 수 있을까?

활동지 작성 TIP   처음에는 주가만 보고 판단해 본 뒤, 시가총액을 확인함으로써 개념을 전환하도록 하는 것이 이 사고실험의 목적입니다. 왜 주가보다 시가총액이 중요한지를 정리하고, 필요시 시총 상위 기업 순위표(삼성전자 vs 네이버 vs 중소형주 등)로도 확장해 보세요!

가치 평가 지표들을 손쉽게 보는 법

"시가총액·EPS·PER 세 가지는 꼭! 직접 볼 줄 알아야지~
어떻게 아냐고? 이거 쉽게 보는 방법이 있어, 알려줄게!"

1단계 : 국내 기업 지표 확인하기

● 네이버 금융 finance.naver.com에 접속해서, 검색창에 '기업이름'을 검색합니다.

● 기업 페이지의 〈투자 정보〉 메뉴에서 시가총액과 EPS, PER을 간편하게 확인하세요!

2단계 : 해외 기업 지표 확인하기

● 야후 파이낸스 finance.yahoo.com에 접속해서, 검색창에 '기업이름(영문)' 또는 '티커'를 검색합니다.

● 기업 페이지에서 Market Cap을 찾으세요. Market Cap이 시가총액입니다.

● PE Ratio, 즉 PER과 EPS도 간편하게 확인하세요!

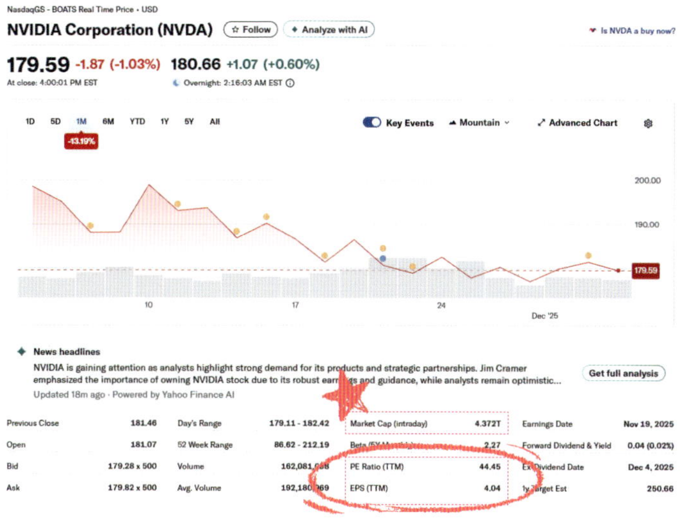

3단계 : 실습하기

1 종목명(국내) : _______________________

  ● EPS _______________ 원

● 시가총액 _______________ 원

● PER _______________ 배

2 종목명(해외) : _______________________

  ● EPS _______________ 달러

● 시가총액 _______________ 달러

● PER _______________ 배

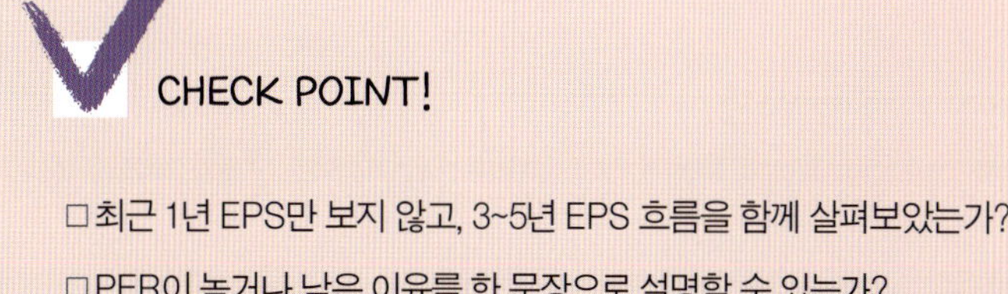

CHECK POINT!

☐ 최근 1년 EPS만 보지 않고, 3~5년 EPS 흐름을 함께 살펴보았는가?

☐ PER이 높거나 낮은 이유를 한 문장으로 설명할 수 있는가?

나무 말고 숲을 봐! 산업 읽는 법

두 번째 수업

산업을 봐야 하는 이유, 산업과 섹터, 미래 성장 산업, 전통 산업, 산업 분산 투자편

두 번째 수업
전체 보기

잘나가는 기업 뒤엔 잘나가는 산업이 있다

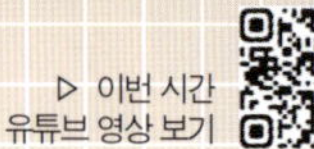

▷ 이번 시간
유튜브 영상 보기

펭수야~ 학교 가자! 3

　오늘도 평화로운 키움 고등학교. 학교 회의실 문 앞에 큼지막한 현수막이 걸려 있었다.

　〈경제 산업 토론회〉

　그리고 회의실에 보이는 낯선 얼굴들.

　똘비가 회의실 안을 빼꼼 들여다보자, 처음 보는 얼굴들이 똘비의 이름이 적힌 플래카드를 흔들며 일제히 환호를 보냈다.

　"플래카드 처음이에요…, 기분 좋은데요?"

　똘비가 설레는 얼굴로 회의실 안으로 들어섰다.

　"와, 똘비다~~!"

　"안녕하세요."

　똘비가 감동한 표정으로 고개를 숙여 인사했다. 곧이어 펭수도 성큼성큼 들어섰다.

　"뭐야! 우리 팬클럽 생긴 거야?"

　앞에 서 있던 미정 쌤이 빙그레 웃으며 설명했다. "혼자 배우면 쓸쓸하잖아요. 그래서 오늘은 경제를 함께 공부할 특별 게스트를 초대했어요. 우리 친구들, 자기소개 한번 해 볼까요?"

　학생 세 명이 각자 마이크를 잡고 일어섰다.

　"안녕하세요, 키움드리머 2기 김범규입니다!"

"저는 전국대학생투자동아리연합회UIC 부회장이자 키움드리머 1기 안 도현입니다."

"2기 이희찬입니다!"

"희찬이 형~~!" 축구 선수와 이름이 같은 희찬을 보자, 펭수가 반가운 듯 손을 흔들었다. "근데 키움드리머가 뭐예요?"

"금융경제 교육 봉사활동이에요." 도현이 차분하게 설명했다. "중·고 등학생들에게 올바른 경제 가치관과 투자 습관을 알려주는 활동이죠."

펭수의 눈이 반짝였다. "그럼… 나중에 다 증권사 가는 거예요? 예를 들어 '우리 증권사로 오시죠!' 하면 어디로 가실 건가요?"

"당연히 키움증권이죠!" 도현이 웃음을 터뜨렸다.

범규와 희찬도 고개를 끄덕이며 맞장구쳤다. "묻지도 따지지도 않고 키움!"

"사랑합니다."

펭수가 만족스러운 표정을 지었다.

"좋아요. 그럼 이제 본론으로 들어가 볼까요?" 미정 쌤이 목소리를 가다듬으며 말했다. "오늘 모인 이유는 경제 미니 토론회를 하기 위해서예요. 토론을 통해 기업뿐 아니라 산업까지 시야를 확대해 보려고 해요. 첫 번째 주제는

'엔터테인먼트 산업'. 펭수와 똘비 팀으로 나눠서 진행해 보겠습니다."

이번 라운드의 대진표가 공개됐다.

키워드는 각각 'GDP'와 '글로벌 시장'. 양팀은 각자의 키워드가 해당 산업에 미치는 영향력에 대해 설명해야 한다!

미정 쌤의 설명이 이어졌다.

개념 키움

GDP와 산업의 관계

GDP국내총생산는 일정 기간보통 1년 동안 한 나라 안에서 생산된 모든 최종 재화와 서비스의 시장 가치를 합산한 것으로, 국가 경제 규모와 성장률을 측정하는 가장 중요한 지표다. GDP는 한 국가의 모든 산업 활동을 합산한 결과로, 각 산업이 창출한 부가가치가 모여 국가 전체의 GDP를 형성하며, 산업 구조는 경제 발전 단계와 특성을 반영한다.

경제가 성장하면서 산업 구조는 1차 → 2차 → 3차 산업 중심으로 전환된다. 한국의 경우 1960년대 농업 중심에서 1970~80년대 제조업 급성장을 거쳐, 현재는 3차 산업이 GDP의 약 60%를 차지하고 있다. 한편, 정부는 산업별 GDP 기여도를 분석하여 경제 정책을 수립하는데, 쇠퇴하는 산업은 구조조정하고, 성장 가능성 높은 산업에 투자를 집중하여 지속 가능한 경제 성장을 도모하려는 것이다. ●

"GDP는 한 나라의 경제 성적표예요. 일정 기간 동안 얼마나 많은 재화나 서비스를 생산했는지를 보여주는 지표죠.

자, 그럼 펭수팀부터 발표해 볼까요?"

펭수가 벌떡 일어섰다.

"GDP가 올라가면 뭐다? 지갑도 두둑해진다! 돈이 많아지면 뭐해요? 집에서 넷플릭스 보지요~, OTT 시청이 늘어납니다. 바로 엔터테인먼트 산업의 수요로 연결됩니다!"

도현도 고개를 끄덕이며 마이크를 이어받았다.

"맞습니다. 실제로 GDP가 하락하면 여가에 쓸 여유 자금이 줄어들어요. 그럴 땐 엔터테인먼트 산업도 타격을 받습니다. 산업과 거시경제 흐름은 밀접하게 연결돼 있어요."

"와~, 명쾌하다!" 펭수가 뿌듯하게 외쳤다. "GDP가 살아야 K-엔터도 산다!"

바로 이어서 똘비팀 발언

"저흰 글로벌 시장으로 갑니다!"

똘비가 자리에서 힘차게 일어났다.

"우리나라 K-콘텐츠가 지금 어디까지 갔습니까?

BTS, 블랙핑크, 그리고 펭수…, 전 세계가 주목하고 있어요! GDP가 낮든 높든, 글로벌 수요가 있으면 엔터는 잘 나갑니다!"

범규도 힘을 보탰다.

"실제로 OTT의 제작 주도권이 국내 기업으로 옮겨오고 있다는 분석도 있어요. 우리 기업이 어느 흐름에 올라타 있는지를 보는 것도 산업 분석의 핵심이죠."

펭수가 뾰로통한 표정을 지으며 끼어들었다.

"그게 뭔 말이야! 말이 너무 어려워요!"

"어쨌든, 글로벌 시장도 산업 흐름을 이끄는 요소라는 걸 알아둬야 해요." 미정 쌤이 양 팀의 발표를 정리하며 말했다. "그럼, 희찬 심사위원님. 승자는 누구인가요?"

승자는…?

"두구두구두구두구…."

회의실에 긴장감이 감돌았다. 희찬이 천천히 입을 열었다.

"1세트의 승자는…, 똘비팀입니다!"

"와~~!" 똘비가 두 팔을 번쩍 들어 올리며 폴짝 뛰었다. "라이크 제니~

라이크 똘비~!"

"이럴 수가…." 펭수가 플래카드를 반으로 접으며 중얼거렸다. "희찬이 형, 배신이야…."

토론회장에 웃음이 터져 나왔다. 하지만 펭수의 눈빛은 이미 다음 라운드를 향해 불타오르고 있었다.

왜 산업을 봐야 할까

  ❝ 투자의 성공 비결은 "좋은 기업을 사서 오래 가지고 있으면 된다!"는 것, 이제 다들 아셨을 거예요. 그런데 여기서 막막함이 밀려 옵니다. 도대체 그 '좋은 기업'은 어떻게 찾으면 될까요?

많은 초보 투자자가 이 질문을 해결하려고 바로 기업의 건강검진표, 즉 재무제표부터 파고듭니다. 하지만 잠깐, 나무 한 그루의 건강 상태를 보기 전에 먼저 확인해야 할 것이 있어요. 바로 그 나무가 심어진 '숲'입니다. 여기서 나무는 기업을, 숲은 그 기업이 속한 산업을 의미해요.

아무리 튼튼한 나무라도 숲 전체가 불타고 있거나 가뭄이 들었다면 혼자 살아남기 힘들겠죠? 반대로 비옥하고 햇살이 좋은 숲이라면, 평범한 나무도 무럭무럭 자랄 확률이 높습니다. 그래서 투자의 순서는 항상 '산업 먼저, 기업은 그다음'이어야 해요.

그렇다면 왜 산업을 먼저 봐야 할까요? 세 가지 이유가 있습니다.

첫 번째 이유 : 기업은 환경의 지배를 받는다

기업과 산업의 관계는 물고기와 물의 관계와 같아요.

성장하는 산업은 물이 불어나는 강과 같습니다. 시장이 커지고 손님이 몰려들어요. 배를 타고 노를 살짝만 저어도 물살을 타고 앞으로 나아갈 수 있습니다.

반면 쇠퇴하는 산업은 말라가는 연못과 같습니다. 손님이 떠나고 시장이 줄어들어요. 물이 줄어드니 물고기들끼리 남은 물을 차지하려고 치열하게 경쟁해야 하죠.

역사적인 사례를 볼까요? 2007년, 애플이 아이폰을 내놓으며 스마트폰 시대가 열렸습니다. 그전까지 전 세계 휴대폰 1등은 '노키아'라는 기업이었어요. 기술력도 좋고 돈도 많은 튼튼한 회사였죠. 하지만 노키아는 버튼식 휴대폰, 즉 피처폰이라는 저무는 숲에 머물렀고, 결국 산업의 몰락과 함께 무너졌습니다. 반면, 스마트폰이라는 새로운 숲에 재빨리 올라탄 애플과 삼성전자는 세계적인 기업이 되었죠.

코닥의 사례도 있어요. 1990년대 필름 카메라 산업의 절대 강자였던 코닥은 미국인의 90%가 사용할 정도로 독보적인 기업이었습니다. 놀랍게도 코닥은 1975년에 디지털 카메라를 세계 최초로 개발한 기업이기도 해요. 그러나 쇠퇴해 가는 필름 사업을 지키기 위해 디지털 카메라로 주력 사업을 바꾸길 거부했고, 결국 2012년 파산 신청을 했습니다.

그래서 우리는 투자하기 전, 가장 먼저 이 질문을 던져야 해요.
"이 기업이 속한 산업은 지금 성장하고 있는가, 아니면 쇠퇴하고 있는가?"

두 번째 이유 : 산업의 방향이 기업의 미래를 결정한다

과거에 비슷한 사업을 하는 두 회사가 있었습니다.
하나는 '블록버스터'라는 미국 최대 비디오 대여 체인이었어요. 전 세계 9천여 개 매장을 운영했고, 2004년 매출은 60억 달러, 우리 돈으로 약 6조 원에 달했습니다. 직원 수만 84,000명에 이르는 거대 기업이었어요.

한편 다른 하나는 DVD를 우편으로 배송해 주는 서비스를 시작한 작은 스타트업이었는데요. 그 회사의 2004년 매출은 5억 달러로 블록버스터의 12분의 1에 불과했죠.

2000년, 스타트업 창업자는 블록버스터 본사를 찾아가 제안했어요.

"우리 회사를 5천만 달러에 인수하세요. 우리가 온라인 사업을 담당하고, 블록버스터는 오프라인 매장을 운영하면 완벽한 조합이 될 겁니다!"

하지만 블록버스터는 거절했습니다.

"온라인 비디오? 그게 무슨 미래가 있겠어요?"

15년 후, 두 회사의 운명은 완전히 갈렸어요.

블록버스터는 2010년 파산 신청을 했고, 결국 사라졌습니다. 반면 스타트업은 스트리밍 서비스로 전환하며 폭발적으로 성장했어요. 현재 시가총액이 4,405억 달러약 572조 6천억 원에 달하며, 시가총액 기준 전 세계 23위 기업인2025년 12월 기준 그 스타트업의 이름은 바로 넷플릭스입니다.

둘은 무엇이 달랐을까요? 바로 산업의 차이였어요.

블록버스터가 속한 비디오 대여 산업은 쇠퇴하는 산업이었습니다. 오프라인 매장을 직접 방문해야 하고, 연체료를 내야 하며, 재고 관리도 어려웠죠. 결국 스트리밍 서비스에 밀려 거의 사라졌어요.

반면 넷플릭스가 개척한 온라인 스트리밍 산업은 새롭게 등장해 성장하는 산업이었습니다. 언제 어디서나 시청할 수 있고, 월정액으로 무제한 시청이 가능했어요. 데이터를 기반으로 한 추천 시스템으로 사용자 경험도 혁신했고요. 현재 넷플릭스는 전 세계 3억 명이 넘는 구독자를 확보하고 있습니다 2024년 4분기 기준.

참고로 사람처럼, 산업에도 생애 주기가 있답니다.

도입기 막 태어난 단계로, 누가 1등이 될지 몰라 위험하지만 큰 기회도 있습니다. 우주 산업이 여기에 해당해요.

성장기 폭풍 성장하는 청소년기와 같아요. 시장이 커지고 1등 기업이 윤곽을 드러내는 단계로, 전기차나 AI 산업이 여기에 속합니다.

성숙기 다 성장한 어른과 같습니다. 안정적인 환경에서 돈을 꾸준히 벌고 배당도 많이 주는 단계로, 통신이나 음식료 산업이 좋은 사례죠.

쇠퇴기 힘이 빠지는 노년기와 같아요. 새로운 기술에 밀려 시장이 줄어드는 단계로, 피처폰이나 필름 카메라 산업이 여기에 속합니다.

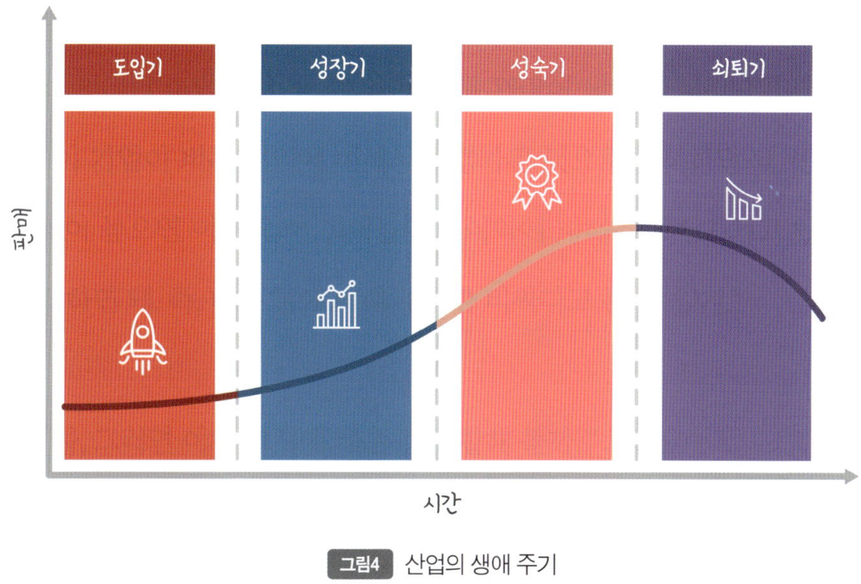

그림4 산업의 생애 주기

여러분이 고른 기업이 지금 어느 단계에 있는지 파악하는 것, 그게 바로 미래 가치를 예측하는 첫걸음입니다.

세 번째 이유 : 성적표를 해석하려면 비교 기준이 필요하다

어떤 반도체 회사의 영업이익률이 15%라면, 잘한 걸까요, 못한 걸까요? 이건 산업 평균을 봐야 알 수 있어요.

만약 반도체 산업 평균이 10%라면 어떨까요? "우와, 평균보다 높네.

경쟁력이 있구나!"라고 판단할 수 있겠죠. 반면 반도체 산업의 평균이 25%라면요? "남들보다 못하네. 뭔가 문제가 있나?"라고 생각해야 합니다. 같은 15%라도 산업 평균에 따라 해석이 완전히 달라지는 거예요.

산업들은 저마다 다른 특성을 가집니다. 소프트웨어 산업은 프로그램을 복사해서 파니까 원가가 거의 안 들어서 이익률이 높지만, 대형마트나 식품 회사는 재료비와 물류비가 많이 들어서 이익률이 낮죠.

이런 산업의 특성을 모르고 숫자만 보면, 꼴찌를 1등으로 착각하는 실수를 저지를 수 있어요.

실전! 산업 분석 3단계

그럼 산업 분석은 어떻게 하냐고요? 세 가지만 확인하면 돼요.

첫 번째는 시장의 크기와 성장성이에요. 시장이 얼마나 큰지, 앞으로 더 커질 것인지를 확인합니다. 예를 들어 전기차 시장은 2030년까지 지금보다 10배 커질 것으로 예상돼요.

두 번째는 진입 장벽이에요. 새로운 기업이 쉽게 들어올 수 있는 산업인지를 봅니다. 예를 들어, 반도체 공장은 짓는 데 수십조 원이 들어서 아무나 시작할 수 없어요. 이렇게 진입 장벽이 높으면 이미 자리 잡은 기업에게 유리합니다.

세 번째는 경쟁 구도예요. 누가 1등인지, 몇 개 회사가 시장을 나눠 갖고 있는지를 확인합니다. 예를 들어 상위 3개 회사가 시장 대부분을 차지하고 있다면 '과점 _{아래 내용 참고} 시장'이라고 해요. 이런 시장에서는 기존 기업들이 안정적으로 돈을 벌기 좋습니다.

숲을 보고, 가장 튼튼한 나무를 골라라

한 가지 주의할 점이 있어요. 성장하는 산업에 속한 기업이라고 해서 아무 생각 없이 주식을 사면 절대 안 된다는 거예요. 전기차 시장이 커진다고 모든 전기차 회사가 성공하는 건 아닙니다. 그중에는 기술력이 없

개념 키움

과점이란?

소수의 대기업이 특정 시장을 지배하는 시장 구조를 가리킨다. 완전경쟁이나 독점의 중간 형태로, 몇몇 기업이 시장 공급의 대부분을 차지하며 서로 영향을 주고받는 상황이다. 우리나라에서는 이동통신 시장, 항공운송 시장 등이 대표적인 과점 시장이며, 전 세계적으로 보면 반도체 메모리칩 시장이 대표적이라 할 수 있다.

어서 도태되는 회사도 많으니까요.

산업 분석은 출발점이지 도착점이 아니란 걸 기억하세요! 먼저 유망한 숲, 즉 산업을 찾고, 그 안에서 가장 뿌리가 깊고 튼튼한 나무, 즉 기업을 찾아내야 합니다.

숲을 봤다면 날씨도 확인할 것!

❝ 앞서 펭수와 똘비는 엔터테인먼트 산업과 관련하여 'GDP', '글로벌 시장'이라는 키워드를 가지고 토론했어요. GDP와 글로벌 시장이라니, 처음에는 둘 다 어디서부터 이야기를 시작해야 할지 감 잡기도 어려워했죠. 대체 왜 기업이 아니라, 이런 거대한(?) 주제에 관해 이야기한 것일까요? 지금부터 그 이유를 알아볼게요.

앞서 기업을 나무, 산업을 숲에 비교해서 생각해 보았는데요, 이제 더 높은 곳으로 시선을 돌려 하늘과 날씨를 바라볼 차례입니다.

 펭수야~ 학교 가자! 3

거시경제 = 투자의 날씨

농부에게 가장 중요한 건 뭘까요? 바로 날씨입니다. 아무리 비싼 씨앗을 심어도, 1년 내내 가뭄이 들거나 태풍이 몰아치면 농작물은 다 죽고 말겠죠. 반대로 햇볕이 좋고 비가 적당히 오면, 평범한 씨앗도 무럭무럭 잘 자랍니다.

거시경제는 기업에게 날씨와도 같아요.

날씨가 좋을 때, 즉 경기가 좋아질 때는 사람들이 지갑을 열고, 기업은 투자를 늘립니다. 마치 봄날처럼 대부분의 기업이 성장하기 좋은 환경이 되죠.

반면 날씨가 나쁠 때, 즉 경기가 침체되거나 금리가 오를 때에는 사람들이 지갑을 닫고, 기업은 돈 빌리기가 힘들어져요. 혹독한 겨울에는 아무리 튼튼한 기업이라도 성장이 더뎌질 수밖에 없어요.

투지의 날씨를 알려주는 거시경세 지표에는 여러 가지가 있어요. GDP국내총생산, 경제성장률, 소비자물가지수CPI, 생산자물가지수PPI, 실업률, 고용률, 기준금리, 경상수지, 소비자신뢰지수 등등.

이러한 거시경제 지표들을 모두 공부할 필요는 없습니다. 다만, 경제 뉴스에 이런 지표들이 등장한다면, 새로운 수치가 발표되었다는 뜻이니 관심을 가지고 뉴스를 들어 보세요. 발표된 경제 지표 수치가 무엇을 의미하는지에 관한 기사들도 나올텐데, 관련된 내용을 잠깐 듣거나 읽는 것만으로도 충분합니다. 이런 뉴스에 익숙해지면 따로 공부하지 않아도, 투자뿐 아니라 경제에 대해 해박한 지식을 가지게 될 거예요.

섹터 = 산업이라는 토양의 지도

그런데 날씨만 좋으면 무조건 풍년일까요? 아니죠. 어떤 밭은 기름져서 씨만 뿌려도 열매가 주렁주렁 열리는데, 어떤 밭은 모래바람만 부는 황무지일 수도 있어요.

산업은 기업이 뿌리를 내리는 토양과 같습니다. 같은 경제 상황 아래에서도 성장하는 산업이 있고, 쇠퇴하는 산업이 있다는 것은 앞서 이야기했었죠?

여기서 시야를 한 단계만 더 넓혀 볼까요? 바로 '섹터'라는 개념이에요. 섹터는 비슷한 산업들을 묶어 놓은 큰 지도라고 생각하면 됩니다.

IT 섹터는 반도체, 소프트웨어, 인터넷 산업 등을 묶은 곳이에요. 헬스케어 섹터는 제약, 의료기기, 바이오 산업 등을 묶은 곳이고요. 에너지 섹터는 석유, 가스, 신재생에너지 등을 묶은 곳입니다.

섹터라는 지도를 펼쳐보면 돈과 기술이 어디로 흘러가는지 큰 흐름이 보여요. 예를 들어, 전 세계 정부가 "탄소를 줄이자!"라고 약속했다면, 에너지 섹터의 중심이 석유에서 신재생에너지 쪽으로 이동하겠죠? 이 지도를 볼 줄 알면, "앞으로는 친환경 에너지가 대세겠구나."라고 예측하고 그 안에서 유망한 산업과 기업을 찾을 수 있게 됩니다.

나라면 어떤 산업의 기업에 투자할까?

똘비는 '로켓티어 투자왕 대회'에 참가했어요! 세 가지 산업에서, 각각 한 기업에만 투자할 수 있어요. 하지만 시장에는 힌트가 많지 않아요. 산업의 흐름, 사회 변화, 기술 발전, 소비자 취향 등을 보고 어떤 기업을 선택할지 생각해 보세요!

유선전화 산업

1990년대엔
필수품이었지만
요즘엔…

㉠ 기업 : 30년 된 회사,
자본이 탄탄함
㉡ 기업 : 배당을 많이 줌,
아직은 흑자임
㉢ 기업 : 지역 독점,
적자 폭이 커지는 중

전기차 산업

정부 보조금,
탄소중립 키워드.
급성장 중

Ⓐ 기업 : 높은 기술력,
최근 투자를 유치함
Ⓑ 기업 : 투자 유치 성공,
그러나 아직 적자임
Ⓒ 기업 : 공장 증설 예정,
기술력을 의심받는 중

인쇄 출판 산업

모바일과
전자책의
영향으로 변화 중

㉮ 기업 : 디지털 전환을
비롯해 컨텐츠 사업을
다각화하는 중
㉯ 기업 : 종이책만 판매
㉰ 기업 : 인쇄소 위주의
경영으로 손실이 큼

어떤 산업을 고르고, 그 안에서 어떤 기업을 선택할지 결정해 보세요!

활동지 작성 TIP 산업만 보고 투자한 경우와, 기업 힌트까지 고려한 경우를 나눠 비교해 보세요. 정답은 없지만 다음과 같이 예상해 볼 수 있습니다. 예) 유선전화 산업은 산업 자체가 사라지며 모두 쇠퇴하여 살아남는 기업이 거의 없을 것, 전기차 산업은 산업 성장과 함께 기술력과 자본력이 높은 기업의 가치가 상승할 것, 인쇄 출판 산업에서는 디지털 전환에 성공한 기업만 생존할 것.

기업이 속한 산업과 섹터를 알아보자

"관심 있는 회사가 어느 산업과 섹터에 속해 있는지 어떻게 아냐고?
다 쉽게 파악하는 방법이 있지! 따라와 봐!"

1단계 : 내 관심 기업의 '소속' 확인하기

● 네이버 금융 finance.naver.com에 접속해서, 검색창에 '기업이름'을 검색합니다.

● 스크롤을 내려 '종목 분석'을 선택하고 다음을 확인하세요!

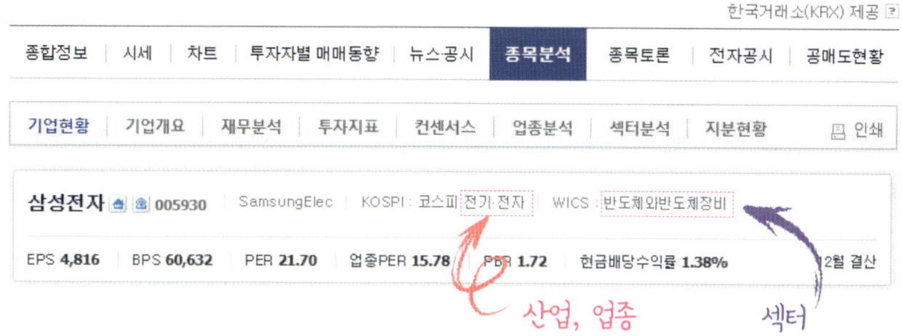

2단계 : 해외 기업 지표 확인하기

● 야후 파이낸스 finance.yahoo.com에 접속해서, 검색창에 '기업이름(영문)' 또는 '티커'를 검색합니다.

● 왼쪽 메뉴 중 ① 'Profile'을 선택하면, 오른쪽에 ② '기업이름(영문)+Corporation' 항목이 보입니다. 그 아래에서 ③ 'Sector'와 'Industry'를 확인하세요.

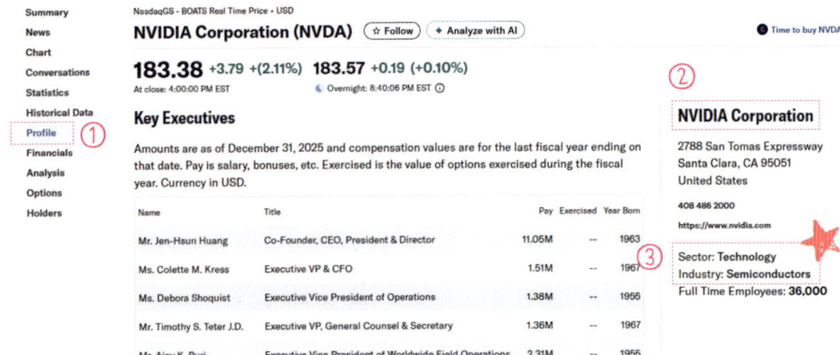

Name	Title	Pay	Exercised	Year Born
Mr. Jen-Hsun Huang	Co-Founder, CEO, President & Director	11.05M	--	1963
Ms. Colette M. Kress	Executive VP & CFO	1.51M	--	1967
Ms. Debora Shoquist	Executive Vice President of Operations	1.38M	--	1955
Mr. Timothy S. Teter J.D.	Executive VP, General Counsel & Secretary	1.36M	--	1967
Mr. Ajay K. Puri	Executive Vice President of Worldwide Field Operations	2.31M	--	1955

3단계 : 실습하기

1 종목명(국내) : _______________________

- 산업 / 업종 _______________________
- 섹터 _______________________

2 종목명(해외) : _______________________

- 산업 / 업종(영문) _______________________
- 섹터(영문) _______________________
- 산업 / 업종(한글) _______________________
- 섹터(한글) _______________________

CHECK POINT!

☐ 내가 보유하고 있거나 관심을 가지고 있는 종목의 업종과 섹터를 모두 조사하고, 분류해 보자. 한 가지 업종이 너무 많지는 않은가?

☐ 같은 업종에서 내가 선택한 회사가 시가총액 몇 위인지 확인할 수 있는가?

☐ 내가 주로 관심을 가지고 있는 산업이 요즘 성장하고 있는지, 아니면 점점 쇠퇴하고 있는지 뉴스나 검색을 통해 알아봤는가?

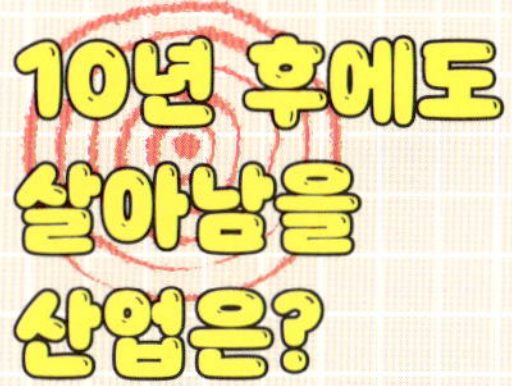

10년 후에도 살아남을 산업은?

- 미래 성장 산업의 조건
- 경기 민감주와 경기 방어주
- 산업 분산 투자의 중요성

▷ 이번 시간
유튜브 영상 보기

이어지는 토론회 2세트의 주제는 요즘 가장 '핫'한 분야, 바로 전기차 산업이었다. 이번 대진은 펭수&범규 팀 vs 똘비&희찬 팀. 키워드는 각각 '환율'과 '정부 지원 및 규제'였다. 두 팀은 벌써부터 눈빛에서 불꽃이 튀고 있었다.

"전기차 하니까…" 똘비가 뜸을 들이며 말했다. "일론 머스크밖에 생각이 안 나요. 더 말하면 머리가 아파서, 희찬이 형에게 넘기겠습니다."

"우리 똘비는 날개가 있으니 대중교통을 안 타겠지만," 희찬이 농담을 섞어가며 말을 이었다. "우린 대중교통도 타잖아요. 전기차는 이제 대세예요. 그런데 중요한 건 뭔지 알아요? 정부 보조금입니다!"

"오~! 얼마 줘요?"

펭수가 눈을 동그랗게 떴다.

"많이 주나요?"

미정 쌤도 호기심 어린 표정으로 물었다.

똘비의 눈동자가 흔들렸다.

“한…, 만 원? 이만 원? 뭐…, 좀 줘요!”

“심사위원님! 저거 보십쇼!” 펭수가 손을 들고 목소리를 높였다. “구체적인 수치 없이 그냥 ‘줍니다’만 반복하고 있습니다.”

미정 쌤이 웃음을 터뜨리며 말했다.

“그래, 토론은 구체적인 정보가 들어가야 설득력이 있지.”

(머리 아픔 이슈)

“죄송합니다…!”

똘비가 풀이 죽어 다시 희찬을 바라봤다. 희찬이 침착하게 마이크를 잡았다.

“정부 정책이 중요한 이유는, 보조금이 있을 때 전기차 소비가 늘고, 그게 줄면 산업 자체가 꺾일 수도 있다는 거예요. 그리고 충전소 인프라나 규세 변화도 산업 흐름을 바꿀 수 있죠.”

“오~, 역시 희찬이 형!”

똘비가 재빨리 손뼉을 쳤다.

그러자 갑자기 펭수가 진지한 얼굴로 입을 열었다.

“전기차 사지 마세요.”

회의실이 일순간 조용해졌다.

"왜요?" 똘비가 되물었다.

"아직 때가 아닙니다."

"아니, 정부에서 2030년까지만 지원해 준대요!"

"그게 아니라, 인프라가 아직 완벽하지 않다는 말입니다!"

희찬이 슬쩍 끼어들었다.

"펭수, 혹시 내연기관차 타나요?"

"그게 중요한 게 아닙니다!"

펭수가 단호하게 손사래를 쳤다.

분위기가 뜨거워지자, 미정 쌤이 펭수팀에게 마이크를 넘기며 말했다.

개념 키움 내연기관차와 전기차

내연기관차는 엔진 내부에서 연료를 태워서 발생하는 힘으로 움직이는 자동차다. '내연'은 '안에서 태운다'는 뜻으로, 엔진 안에서 휘발유나 경유 같은 연료가 폭발하면서 피스톤을 밀어내고, 이 힘이 바퀴를 돌려 차가 달리게 된다. 주유소에서 기름을 넣는 자동차가 대부분 내연기관차이다. 100년 넘게 사용되어 온 전통적인 방식이지만, 배기가스를 배출해 환경오염을 일으킨다는 단점이 있다.

전기차는 휘발유나 경유 대신 전기 배터리에 저장된 전기로 모터를 돌려서 움직이는 자동차로서, 스마트폰처럼 충전해서 사용하며, 엔진 대신 전기 모터가 바퀴를 돌린다. 내연기관차와 달리 연료를 태우지 않아 배기가스가 전혀 나오지 않고, 엔진이 없으니 소음도 거의 없어 조용하다. 주유소 대신 충전소나 집에서 충전하며, 전기료가 기름값보다 저렴해 유지비가 적게 든다.

“사실 환율과 전기차를 연결시키긴 조금 어려울 수도 있을 것 같은데…”

쌤의 말에 똘비가 즉각 나섰다.

“환율과 전기차를 연결 지어서 사지 말라는 건, 사실 국산 전기차를 사지 말라는 뜻입니다!”

“조용히 하세요!” 펭수가 외쳤다. “나무만 보고 숲은 보지 못하는 저… 새대가리!”

“발언 너무 심하십니다! 인(?)신공격은 안 되는 거 아닙니까?!”

희찬이 발끈하자, 펭수도 반격했다.

“저도 새대가리입니다. 인간은 빠지세요.”

펭수의 말에 회의실 안은 웃음바다가 됐다.

펭수가 분위기를 수습하며 다시 입을 열었다.

“자, 워런 버핏 선생님 만나러 미국 가야 히는데, 지금 환율이 몇인지 아시나요?”

범규가 곧바로 대답했다.

“1,435원입니다!”

“…그럼 못 가요. 줌으로 만나야겠네요.”

펭수가 고개를 절레절레 흔들었다.

곧이어 범규가 차분하게 정리를 시작했다.

"환율이 오르면, 원화 가치가 하락하죠. 그러면 해외 시장에서 우리 제품이 더 싸게 느껴지기 때문에 수출이 늘 수 있어요. 전기차 같은 수출 중심 산업은 환율 영향을 아주 많이 받습니다."

"반대로, 테슬라 같은 외국 기업의 전기차를 수입할 때는요?"

미정 쌤이 물었다.

"원화로 가격이 더 비싸지니, 국내 소비자 입장에선 부담이 커지겠죠."

"오! 그러니까 전기차는 글로벌 산업이니 환율과 떼려야 뗄 수 없는 관계인 거군요?"

미정 쌤이 감탄하며 고개를 끄덕이자, 펭수가 폼을 잡으며 말했다.

"맞아요. 이 흐름을 읽는 능력이 바로 산업 분석의 기본이죠. 이게 바로 똑새, 똑똑한 새입니다."

팽팽한 접전 끝에, 이제 남은 건 결과뿐이었다.

"자, 그럼 이번 승자는…" 도현이 심사위원석에서 천천히 입을 열었다.

회의실에 다시 한번 긴장감이 감돌았다.

"구체적인 수치를 들어 설득한 점이 돋보였습니다. 2세트의 승자는 펭수팀입니다!"

"예~~~쓰!"

펭수가 두 팔을 번쩍 들어 올리며 환호했다.

메가 트렌드 속에서 성장할 산업을 찾아라

“10년 이상 보유할 주식이 아니면, 단 10분도 갖고 있지 마라.”라는 워런 버핏의 명언에는 사실 깊은 뜻이 담겨 있습니다. 그저 “무조건 오래 버텨라.”라는 뜻이 아니라, 10년이라는 긴 세월 동안 비바람을 견뎌내고, 끝내 살아남아 더 거대해질 기업을 찾으라는 거예요.

10년 동안 소중한 돈을 묻어뒀는데, 그 회사가 속한 산업이 사양길로 접어들어 망하고 만다면? 복리 효과를 기대하는 건 고사하고, 그대로 손실이 되어 버리겠죠.

그래서 투자의 결실을 최대화하기 위해 기업을 고르기 전, 반드시 이 질문을 던져야 합니다.

“과연 이 기업이 발을 딛고 있는 산업은 10년 뒤에도 성장하고 있을까?”

물론 미래를 100% 정확하게 예측할 수 있는 사람은 없습니다. 하지만, 거스를 수 없는 거대한 시대의 흐름을 읽어낸다면 정답에 훨씬 가까

워질 수 있어요. 이런 거대한 흐름을 '메가 트렌드'라고 부릅니다.

10년 뒤 여러분의 계좌를 든든하게 지켜줄 미래 산업의 네 가지 조건, 지금부터 하나씩 살펴봅시다!

첫 번째 조건 : 구조적으로 성장하는가?

가장 기본이 되는 첫 번째 조건은 수요가 구조적으로 늘어나는가입니다. 단순히 유행을 타는 것이 아니라, 인구 구조나 사회 변화 때문에 어쩔 수 없이 계속 찾게 되는 산업을 말해요.

대표적인 예가 인구 고령화입니다. 한국은 2025년에 65세 이상 인구가 20%를 넘는 초고령사회에 공식 진입했어요. 전 세계 선진국들도 마찬가지고요. 노인 인구가 늘어나면 어떤 일이 벌어질까요?

먼저 헬스케어 섹터 내 제약, 바이오 산업의 수요가 늘어납니다. 아픈 곳을 치료하고 건강을 유지하려는 수요는 경기가 나빠져도 줄어들지 않아요. 이렇게 경제 상황과 관계없이 꾸준히 유지되는 수요를 '비탄력적 수요'라고 합니다.

또한 항노화와 미용 산업도 성장해요. 100세 시대가 되면서 '젊고 건강하게 오래 사는 것'에 대한 욕구는 사치가 아니라 필수가 되어가고 있거든요.

반짝 떴다 사라지는 유행 산업이 아니라, 인구 구조의 변화처럼 세상의 거대한 흐름 위에 올라타 있는 산업을 주목하세요.

두 번째 조건 : 기술이 새로운 시장을 창출하는가?

두 번째 조건은 기술 혁신이에요. 단순히 기술이 좋아지는 것을 넘어, 없던 시장을 새로 만들어내는 혁신이 일어나는 곳이어야 합니다. 이렇게 기존 시장을 뒤흔들며 완전히 새로운 시장을 만들어내는 것을 '파괴적 혁신'이라고 불러요.

과거의 스마트폰이 그랬듯, 지금은 인공지능, 즉 AI가 그 역할을 하고 있습니다.

AI는 단순히 채팅만 하는 게 아니라 코딩, 디자인, 법률 분석 등 인간의 지적 노동을 대신하며 생산성을 폭발적으로 높여주고 있어요. 이를 '생산성 혁명'이라고 부르기도 합니다.

또한 AI는 확장성도 뛰어나요. AI가 발전하면 이를 뒷받침하는 반도체, 데이터를 저장하는 클라우드 그리고 AI를 탑재한 로봇 산업까지 연쇄적으로 함께 성장하거든요.

이처럼 매일 진화하며 새로운 가능성을 만들어내는 산업에 주목하세요. 그래야 기업과 함께 성장하는 수익을 누릴 수 있습니다.

세 번째 조건 : 정부와 정책이 밀어주는가?

세 번째는 정부의 정책 지원이에요. 아무리 좋은 기술이라도 법으로 막히면 성장할 수 없습니다. 반대로, 전 세계 정부가 합심해서 밀어주는 산업은 막강한 성장 엔진을 달게 돼요.

현재 가장 강력한 테마는 단연 기후 위기 대응, 즉 탄소중립입니다.

먼저 에너지 전환을 살펴볼게요. 전 세계는 2050년까지 탄소 배출을 제로로 만들겠다고 약속했습니다. 이는 선택이 아니라 생존의 문제예요. 화석 연료를 대체할 태양광, 풍력, 수소, 원자력 산업은 정부 보조금이라는 든든한 지원을 받고 있습니다. 전기차와 이차전지 산업도 마찬가지예요. 내연기관차 퇴출 정책에 따라 전기차 배터리 산업은 앞으로 10년간 꾸준히 성장할 수밖에 없는 상황입니다.

정부 정책은 산업의 등 뒤에서 불어오는 강력한 순풍이에요. 동시에 경쟁자들이 쉽게 들어오지 못하게 막아주는 진입 장벽 역할도 합니다.

투자에서는 이런 진입 장벽을 '해자'라고 부르기도 해요. 중세 시대에 성 주위를 둘러싼 물길처럼, 경쟁자로부터 기업을 보호해주는 역할을 한다는 뜻이에요. (해자에 관해서는 뒤에서 자세히 배울 것입니다!)

네 번째 조건 : 시장의 크기가 어디까지인가?

마지막 조건은 시장의 크기예요. 투자에서는 이를 TAM이라고 부르는데, '토털 어드레서블 마킷Total Addressable Market'의 약자로 '접근 가능한 전체 시장'이라는 뜻입니다. 한국 시장은 인구가 5천만 명 정도지만, 세계 시장은 80억 명이 넘어요. 내수 시장에서만 경쟁하는 산업은 성장에 한계가 뚜렷합니다.

우리나라의 대표 산업인 반도체, K-POP, K-방산, K-푸드를 보세요. 이들의 공통점은 한국을 넘어 미국, 유럽, 아시아 등 전 세계가 고객이라는 점이에요. 한국 라면이 미국 마트에서 팔리고, 한국 가수가 런던 웸블리 스타디움을 채우고, 한국 반도체가 전 세계 서버에 들어갑니다.

이렇게 확장성이 열려 있는 산업을 골라야, 기업이 성장할 수 있는 천장이 높아져요.

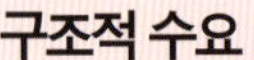

그림5 미래 산업의 조건

이 네 가지 조건을 통과한 산업은 아주 비옥한 토양과 같습니다. 여기에 뿌리를 내린 기업은 웬만한 경제 위기가 와도 쉽게 쓰러지지 않고 거목으로 자랄 확률이 높아요.

자, 이제 여러분의 관심 기업을 이 네 가지 조건에 대입해 보세요. 단순히 "좋아 보여서"가 아니라, "이런 논리적인 이유 때문에 10년 뒤에도 성장할 거야."라고 자신 있게 말할 수 있나요? 그 확신이 섰을 때 비로소 장기 투자가 시작됩니다.

미래 산업만이 정답일까?

66 AI, 로봇, 우주 여행…. 듣기만 해도 가슴이 설레죠. 그런데 여기서 잠깐, 그럼 우리는 무조건 최첨단 산업에만 투자해야 할까요? 라면 만드는 회사, 전기 파는 회사는 모두 다 시시한 걸까요?

절대 그렇지 않습니다. 축구팀에 공격수만 11명 있으면 어떻게 될까요? 골은 많이 넣을지 몰라도 수비가 뚫려서 쉽게 이기기 어렵겠죠. 투자도 마찬가지입니다. 화려한 공격수, 즉 미래 산업에 대한 투자가 있다면, 든든한 수비수, 즉 전통 산업에 대한 투자도 필요해요.

산업을 나누는 또 다른 기준인 '경기 민감 산업'과 '경기 방어 산업'에 대해 알아봅시다.

경기를 타는 롤러코스터 : 경기 민감 산업

경기 민감 산업은 말 그대로 경제 상황에 따라 실적이 롤러코스터처럼 오르락내리락하는 산업이에요.

경기가 좋을 때, 즉 호황기에는 어떨까요? 사람들은 보너스를 받아 차를 바꾸고, 해외여행을 가고, 명품 가방을 삽니다. 기업은 공장을 짓고 기계를 사죠. 이때 자동차, 항공, 철강, 반도체 산업은 큰 수익을 올려요.

반면 경기가 나쁠 때, 즉 불황기에는 어떨까요? 월급이 안 오르고 물가가 비싸지면 제일 먼저 아끼는 게 뭘까요? 차 안 바꾸고, 여행 안 가고, 옷 안 사겠죠? 그럼 이 산업들의 매출은 뚝 떨어집니다.

이러 산업의 특징은 변동성이 크다는 거예요. 타이밍을 잘 맞춰 투자하면 큰 수익을 얻지만, 잘못 맞추면 큰 손해를 볼 수도 있습니다.

어떤 폭풍에도 끄떡없는 벙커 : 경기 방어 산업

반대로 경기 방어 산업은 경기가 좋든 나쁘든 사람들이 꼭 돈을 쓸 수밖에 없는 산업이에요. 아무리 힘들어도 밥은 먹어야 하고, 아프면 약을 먹어야 하고, 밤에는 불을 켜야 하고, 친구랑 연락은 해야 하잖아요. 경기

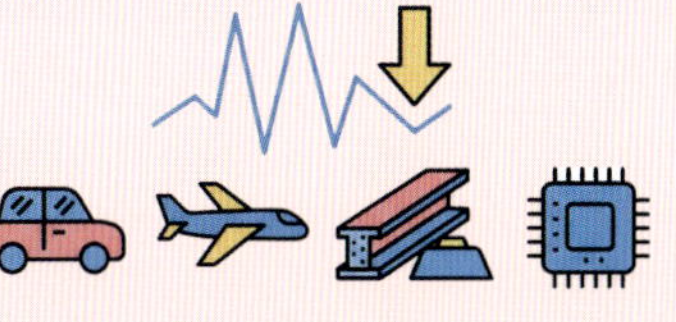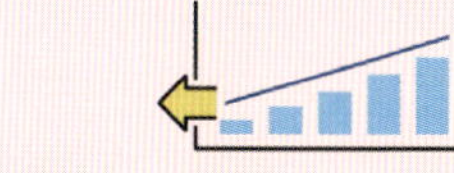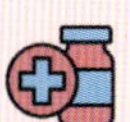

그림6 경기 민감 산업과 경기 방어 산업

가 나빠져도 사람들은 이러한 지출을 줄이지 못해요. 그래서 식음료, 통신, 전력과 가스, 제약 산업은 불황에도 실적이 꾸준하고 주가도 잘 떨어지지 않습니다.

물론 경기 방어 산업은 롤러코스터처럼 짜릿하게 오르거나 끔찍하게 떨어지지 않아요. 하지만 10년, 20년, 아니 100년 넘게 살아남는 끈질긴 생명력을 자랑합니다. 코카콜라 같은 회사가 100년 넘게 우리 곁을 시키는 이유이기도 하죠.

어떤 사람은 AI나 이차전지, 전기차에만 투자하고 싶을지도 모릅니다. 하지만 미래 산업은 기술이 너무 빨리 변해서, 오늘의 1등이 내일의

꼴찌가 될 수도 있죠. 게다가 경기가 나빠지면 사람들이 제일 먼저 파는 주식이기도 해요.

그래서 경험 많은 투자자들은 균형을 맞춥니다. 자산을 크게 불리기 위해 AI나 이차전지 같은 미래 산업에 투자하고, 동시에 위기가 와도 계좌가 크게 흔들리지 않도록 식품이나 통신과 같은 전통 산업에도 투자해요. 이것이 바로 제1권에서 배웠던 "계란을 한 바구니에 담지 마라."라는 분산 투자의 핵심 원리입니다.

건강한 투자 포트폴리오는 이 두 가지 축이 균형을 이룰 때 완성돼요. 미래 산업이 성장의 엔진이라면, 전통 산업은 안정의 닻입니다. 성장만 쫓다가 경기 침체를 만나면 포트폴리오 전체가 흔들릴 수 있고, 안정만 추구하다가는 시대의 변화에 뒤처질 수 있으니까요.

오래 가는 산업의 비밀

“식품이나 전기는 너무 지루해요.”라며 더 흥미로운 산업을 찾는 사람들이 많습니다. 하지만 경험이 풍부한 투자자들은 이렇게 말해요. "가장 지루해 보이는 곳에 가장 확실한 정답이 있다.”라고요.

100년 넘게 망하지 않고 살아남은 산업에는 한 가지 공통점이 있습니다. 바로 “기술이 아무리 발전해도, 사람들이 찾는 이유는 절대 사라지지 않는다.”는 거예요.

마차가 전기차로 바뀌어도, 이동은 계속된다

100년 전 사람들은 밥을 먹었을까요? 아프면 치료를 받았을까요? 멀리 가기 위해 무언가를 탔을까요? 대답은 당연히 모두 '그렇다'입니다.

이런 근본적인 욕구는 인류가 존재하는 한 영원히 사라지지 않아요. 단지 그 욕구를 채워주는 도구가 바뀔 뿐이죠.

이동을 예로 들어 볼게요. 옛날엔 마차를 탔고, 그다음엔 기차와 휘발유 자동차를 탔고, 지금은 전기차와 자율주행차를 탑니다. 탈것의 모양은 완전히 달라졌지만, “빠르고 편하게 이동하고 싶다.”는 사람들의 마음은 100년 전이나 지금이나 똑같아요.

소통도 마찬가지입니다. 옛날엔 편지를 썼고, 그다음엔 전화를 걸었고, 지금은 스마트폰으로 메시지를 보내요. 수단은 바뀌었지만, “서로 연결되고 싶다.”는 욕구는 변하지 않았죠.

100년 산업은 바로 이런 거예요. 겉모습은 변해도, 본질은 사라지지 않는 산업. 이런 산업을 찾아내는 눈이 있다면, 여러분은 유행을 타지 않고 꾸준히 수익을 내는 기업을 고를 수 있습니다.

전통 산업의 화려한 변신

전통 산업이라고 해서 멈춰 있는 게 아닙니다. 오히려 최신 기술을 흡수해서 새롭게 변화하고 있어요.

시커먼 연기를 내뿜던 공장에 AI와 로봇이 들어와서 불량품을 0.1초 만에 찾아냅니다. 이를 ‘스마트 팩토리’라고 불러요. 농장도 변했어요. 흙투성이 밭에 센서와 드론이 날아다니며 물과 비료를 자동으로 뿌려요. 이를 ‘스마트 팜’이라고 하죠. 자동차 산업도 마찬가지예요. 단순히 차를 파는 게 아니라, 매달 일정 금액을 내고 차를 바꿔 타는 구독 서비스를 제공하기도 합니다.

이처럼 오래된 기업들 중 상당수가 지금까지 쌓아온 노하우에 최신 기술이라는 날개를 달고 세상의 변화에 대비한답니다.

자, 이제 숲 전체를 보는 눈이 생겼나요? 성공적인 투자 포트폴리오를 짜려면 미래 산업과 전통 산업, 두 가지가 모두 필요해요.

미래 산업은 어린 나무와 같습니다. 쑥쑥 자라서 10년 뒤 숲을 울창하게 만들어줄 성장의 가능성을 가지고 있죠. AI나 바이오 산업이 여기에 해당합니다.

전통 산업은 거목과 같아요. 비바람이 몰아쳐도 숲이 무너지지 않게 뿌리를 단단히 잡아주는 역할을 하죠. 식품이나 에너지 산업이 여기에 속해요.

화려한 미래 기술에만 눈이 팔려 전통 산업을 무시해서도 안 되고, 안정적인 것만 찾다가 새로운 변화를 놓쳐서도 안 됩니다. 어린 나무의 패기와 거목의 연륜, 이 두 가지가 조화를 이룰 때 여러분의 계좌는 어떤 경제 위기가 와도 흔들리지 않는 울창한 숲이 될 것입니다.

이것으로 산업 분석 수업을 마칩니다. 이제 숲, 즉 산업을 봤으니, 그 속에서 진짜 가치 있는 나무, 즉 기업을 고르는 기업 분석의 세계로 넘어갈 준비가 되었죠? 다음 수업에서는 전설적인 투자자 워런 버핏의 흥미진진한 투자 스토리를 만나 볼게요.

워런 버핏의
산업 분산 투자 전략

워런 버핏이 이끄는 버크셔 해서웨이의 포트폴리오는 '집중 투자'로 유명하지만, 자세히 들여다보면 체계적인 산업 분산이라는 또 다른 지혜가 숨어 있다. 2024년 3분기 기준 약 2,670억 달러 규모의 주식 포트폴리오는 상위 5개 종목이 전체의 71%를 차지할 정도로 집중되어 있지만, 이들이 속한 산업은 IT, 금융, 소비재, 에너지 등 다양한 섹터에 걸쳐 있다.

버핏의 산업 분산 전략은 '각 산업의 최강자에 집중 투자'하는 방식으로 구현된다. IT 섹터에서는 애플이 최대 보유 종목이며, 금융 섹터에서는 아메리칸 익스프레스와 뱅크오브아메리카, 소비재 부문에서는 코카콜라, 에너지 부문에서는 셰브론이 핵심 자산이다. 이는 각 산업에서 경쟁우위와 브랜드 파워를 갖춘 기업들을 선별해 장기 보유하는 전략이다.

특히 주목할 점은 보험, 철도, 공공 서비스, 제조업 등 버크셔가 직접 소유한 자회사들까지 고려하면 산업 분산은 더욱 광범위해진다는 것이다. 가이코GEICO 보험, BNSF 철도, 버크셔 해서웨이 에너지 등을 통해 전통 산업에서 안정적인 현금흐름을 확보하면서도, 상장 주식 포트폴리오를 통해 성장 산업에 참여하는 균형 잡힌 구조를 유지한다. 2024년에는 금융 서비스 분야가 약 33%, 테크놀로지가 약 25%, 소비재와 에너지가 각각 상당 부분을 차지하며, 최근에는 도미노피자와 풀 코퍼레이션 같은 새로운 산업 영역으로도 확장했다.

이러한 산업 분산 전략의 핵심은 단순한 리스크 분산이 아니라, 각 산업 사이클의 차이를 활용하는 데 있다. 경기 방어적 성격의 소비재와 금융주, 성장성 높은 IT주, 인플레이션 헤지 수단인 에너지주가 적절히 조합되어 시장 변동성 속에서도 안정적인 수익을 창출한다.

미래 산업 포트폴리오 게임

앞으로 10년 동안 내가 가진 자산가상 머니을 어떤 산업에 어떻게 배분하느냐에 따라, 성장 도 다르고, 위험도 다르고, 결과도 다른 게임에 참여해 보세요!

게임 방법   아래 5개 미래 산업 카드를 읽어 보세요. 당신은 총 100포인트의 투자 자 산을 가지고 있어요. 각 산업에 얼마씩 투자할지 스스로 포트폴리오를 짜 보세요!

UAM 도심 항공 교통	**AI** 인공 지능	**바이오** 유전자 치료, 백신, 난치	**신재생에너지** 태양광, 수소, 에너지 전환	**로봇/자동화** 스마트 팩토리, 로봇 기술
하늘을 나는 택시	생성형 AI, 지율 주행, AI 반도체	고령화 + 질병 치료	글로벌 정책 수혜, 꾸준한 수요	생산성 향상, 산 업용 수요 증가

어떤 산업에 넻 포인트를 투자하겠습니까? 다른 친구들과 함께 각 산업의 10년 후를 예 상해 보고, 나와 친구들의 투자가 어떤 결과로 이어졌을지 예상해 보아요!

활동지 작성 TIP   미래 산업의 가능성을 읽고, 포트폴리오 전략을 직접 세워보는 체험형 사고실험입니 다. 미래는 아무도 정확히 맞힐 수 없어요. '좋은 산업에 미리 올라타는 것', 그리고 한 군데에 몰지 않고 나눠 투자하는 것은 위험을 줄이고 기회를 키우는 가장 확실한 방법입니다. 위의 산업 카드 내용들을 실제 산업별 최근 트렌드 기사와 연결해 보세요!

실습! 산업 분산 포트폴리오 구성하기

"한 기업, 한 산업에만 투자하면, 그 산업이 아프면 내 계좌도 아파….
여러 산업에 나눠 담으면 위험이 확 줄어들어요!"

1단계 : 산업 탐험 지도 확인하기

오늘 실습에서는 대표적인 산업을 6가지로 나누어 볼 거예요.

산업	특징	위험 수준	성장 가능성
엔터테인먼트	트렌드·글로벌 팬덤	높음	중간~높음
전기차 & 친환경 모빌리티	기술 변화·정부 정책 영향	높음	매우 높음
식품·생활 필수재	안정적 수요	낮음	중간
IT·반도체	고성장 산업	중간~높음	매우 높음
바이오·의료	R&D 중요, 변동 심함	매우 높음	매우 높음
금융	안정적·현금흐름 큼	낮음~중간	중간

2단계 : 나만의 산업 점수표 만들기

각 산업을 아래 기준으로 -5점~+5점으로 평가해 봅시다.

- 미래 성장성(+5점 만점)
- 위험 수준(-5점 만점)
- 내가 이해하기 쉬운 산업(+5점 만점)
- 장기 투자 적합성(+5점 만점)

산업	성장성	위험도	이해도	장기 적합성	총점
엔터					
전기차					
식품·필수재					
IT·반도체					
바이오·의료					
금융					

☞ 총점이 높을수록 장기 포트폴리오 핵심 산업 후보!

3단계 : 나만의 산업 포트폴리오

1 유망하다고 생각하는 산업을 3~4개 골라서 각 산업에 투자 비중(%) 배분하기

● ________________ (_______ %)   ● ________________ (_______ %)

● ________________ (_______ %)   ● ________________ (_______ %)

2 최종 포트폴리오 선언

"나는 앞으로 ____________ 산업을 중심축으로, ____________ 산업과

____________ 산업을 보조축으로 삼아 분산 포트폴리오를 유지하겠습니다."

CHECK POINT!

□ 한 산업이 큰 폭으로 흔들려도 전체 계좌가 안전하게 유지될 만큼 다양한 산업으로

구성되어 있는가?

차원이 다른 기업을 알아보는 법

세 번째 수업

럭인 효과란, 기업이 수익을 내는 구조 이해하기, 위기 속 기회, 경제적 해자의 개념

246억짜리 점심을 먹는 남자

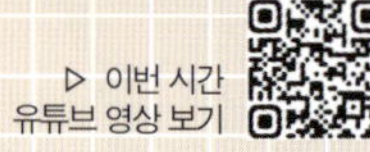

▷ 이번 시간
유튜브 영상 보기

펭수야~ 학교 가자! 3

　토론회의 열기가 가시고, 고요해진 교실에 다시 펭수와 똘비, 미정 쌤이 모였다.

　똘비가 멍하니 중얼거렸다.

　"쌤…, 저 지금 머리 아프고, 배고파요."

　"맞아, 아까 너무 뇌를 써서 지금 방전 상태야…."

　펭수도 축 늘어져 책상에 턱을 괴었다.

　그때 미정 쌤이 빙긋 웃으며 말했다.

　"그래서! 점심시간보다 더 맛있는 시간을 준비했지요. 그전에…, 워런 버핏이랑 점심 한 끼 먹으려면 얼마나 드는 줄 알아?"

　"음…, 20만 원?"

　"2022년 자선 경매 기준으로 무려 246억 원! 엄청난 값을 지불하고서라도, 일생에 한번 워런 버핏과 식사를 해 보고 싶어 하는 사람들이 굉장히 많아."

　미정 쌤이 의미심장한 미소를 지으며 교실 문을 열었다. 그 순간, 코카콜라 병과 반쯤 먹은 사과를 손에 든 정체불명의 할아버지가 등장했다.

　"헬로 에브리원~! 유 원 투 씨 미?"

　펭수가 멈칫했다.

"누구세요…? 한국 사람이잖아요. 왜 영어를 하세요?"

할아버지가 답했다.

"나야 나, 워런 버핏!"

펭수와 똘비가 황당하다는 듯, 손사래를 쳤다.

"네? 누구라고요?"

"말도 안 돼요~."

"좀 봐줘, 분장하기 힘들었어~."

할아버지가 너스레를 떨었다.

똘비가 펭수에게 작게 속삭였다.

"그래도 연세 드신 분이 저렇게 노력해서 준비하셨는데, 좀 속아 주자고요."

"우린 착한 새들이니까, 좋아." 똘비의 말에 고개를 끄덕이더니, 펭수가 할아버지를 향해 돌아서며 말했다. "오~~! 워런 버핏이다!"

똘비도 손뼉을 치며 반겨주었다.

"나한테 궁금한 거 다 물어봐도 돼."

코리아 워런 버핏을 줄여서 '코런 버핏'이라 불리게 된 이 멘토가 부드러운 목소리로 말했다.

똘비가 손을 번쩍 들었다.

"워런 버핏 하면 코카콜라 투자가 유명하잖아요! 그런데 처음에 코카콜라에 어떻게 투자하신 거예요?"

"때는 1987년으로 거슬러 올라가. 당시 '블랙 먼데이'라는 주식 시장 폭락 사건이 있었어. 그때 나는 이게 기회라고 봤지. 경쟁력 있는 기업을 싸게 살 수 있는 절호의 찬스였거든. 주당 평균 약 2.6달러주식 분할 조정 가격에 코카콜라 주식을 사들였지."

코런 버핏이 설명을 이어갔다.

"전 세계 200여 개 나라에서 하루에 22억 잔이 팔린다고 해. 수요가 확실하니 나는 '이건 무조건 간다.' 싶었지. 자, 여기서 질문 하나. 나는 코카콜라 주식을 팔았을까, 안 팔았을까?"

"제가 아는 버핏 선생님은 절대 단기 투자하지 않습니다!"

펭수가 단호하게 외쳤다.

"오, 정답이야. 1994년 첫 해 배당 수익만 7,500만 달러였던 것이 현재는 연간 8억 달러 이상으로 증가했어. 현재까지 35년 이상 단 한 주도 팔지 않고 보유 중이지. 아무것도 하지 않고도 코카콜라 주식만으로 1분마다 우리 돈으로 약 216만 원, 하루에 약 31억 원, 1년에 약 1조 1,400억 원을 받고 있단다.”

“와, 숨만 쉬어도 돈을 버시는 거네요.” 똘비가 부러움이 가득한 목소리로 말했다. “애플에 투자한 이야기도 들려 주세요!”

“사실 나는 애플엔 처음에 관심 없었어.”

“근데 왜 샀어요?”

코런 버핏이 한 입 베어문 사과를 가리키며 말했다.

“애플은 단순한 IT 기업이 아니야. 모든 삶의 중심에 들어온 생활 필수 플랫폼이 됐거든. 애플워치, 맥북, 아이폰, 아이패드…, 이 안에서 벗어나기 어렵지. 그게 바로 ‘락인 효과’야.”

“락인…?”

펭수가 고개를 갸웃했다.

“락앤롤~~~!”

펭수와 똘비가 동시에 외치며 어깨를 들썩였다. 코런 버핏이 피식 웃으며 설명했다.

“락인 효과는 ‘고객을 플랫폼 안에 묶어두는 효과’야. 충성도 높은 사용자 기반을 만든 기업은 쉽게 무너지지 않아. 그 덕분에 지금 애플 시가총액은 무려 4.2조 달러2025년 12월 기준에 달하지.”

“아니, 달러로요? 우리 돈으로 5천조 원이 넘는

데요…, 진짜요?"

똘비의 눈이 휘둥그레졌다.

"장기 투자로만 이런 결과가 가능해. 나는 좋은 기업을 싸게 사고, 그 주식을 '팔아야 할 순간까지 들고 가는 게 원칙'이야."

코런 버핏이 자리에서 일어났다.

"자, 난 바쁘니까 이만!"

"자기 자랑 실컷 하시고 가시네요?"

펭수가 볼멘소리를 했다.

"나는 투자하러 간다. 맛있게 먹고, 열심히 공부하렴!"

코런 버핏은 햄버거와 피자를 나눠주더니 손을 흔들며 교실을 빠져나갔다.

잠시 후, 자리를 비웠던 미정 쌤이 돌아와서 둘에게 물었다.

"246억 원짜리 수업 어땠어?"

"음…, 가치가 있었어요." 똘비가 진지하게 말했다. "버핏 선생님은 자기 원칙을 절대 안 깨요.

시장에 흔들리지 않고, 가치 있는 기업을 오래 보고 투자하시더라고요. 제일 지키기 어려운 것이 자기와의 약속인데, 철저하게 투자 원칙을 지키는 모습이 진짜 멋있어요."

펭수도 고개를 끄덕였다.

"진짜… 숨만 쉬어도 돈이 들어오는 사람은 다르네요."

미정 쌤이 미소 지으며 말했다.

"그래, 시장은 언제나 흔들려. 그 속에서 나만의 철학을 갖는 것, 그게 진짜 투자자의 길이야."

펭수가 주먹을 불끈 쥐었다.

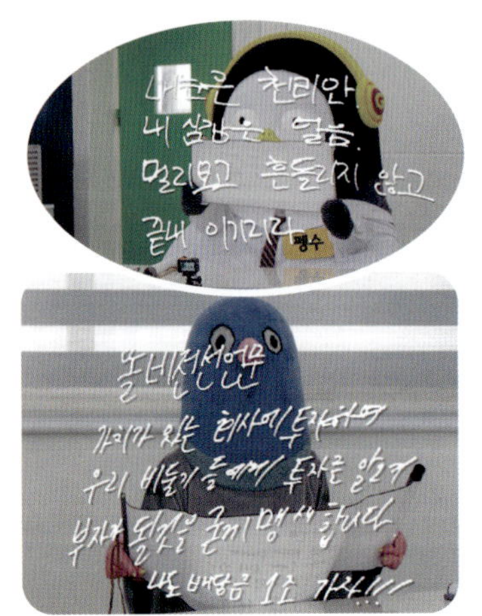

"저도 저만의 비전 선언문을 만들었습니다! '내 눈은 천리안, 내 심장은 얼음. 멀리 보고 흔들리지 않고, 끝내 이기리라!' 어떻습니까?"

똘비도 질 새라 말했다.

"가치가 있는 회사에 투자하여, 우리 비둘기들에게 투자를 알려, 꼭 부자가 될 것을 굳게 맹세합니다. 나도 배당금 1조 가자!"

교실에 웃음이 번졌다. 하지만 둘의 눈빛은 어느새 진지해져 있었다. 워런 버핏이라는 전설이 남긴 교훈이, 조금씩 마음에 새겨지고 있었다.

워런 버핏의 투자 이야기

❝ 우리 교실에 특별한 손님이 오셨었죠? 바로 '코런 버핏', 코리안 워런 버핏 할아버지! 미정 쌤이 말한 대로, 실제 워런 버핏과의 점심 식사 한 끼 경매 낙찰가는 무려 246억 원2022년 1,900만 달러이었어요.

2000년부터 2022년까지 1년에 한 번씩, 총 21회에 걸쳐 버핏과의 점심 식사 경매를 통해 모인 금액만 5,320만 달러, 우리돈 745억 원 이상이라고 해요. 이렇게 모은 돈은 노숙자와 빈곤층을 지원하는 재단에 기부되었답니다.

그렇다면 사람들은 왜 그 비싼 돈을 내고 버핏과 한 끼를 함께하려 했을까요? 전설적인 투자자가 가진 '기업을 보는 눈'을 배우기 위해서일 거예요.

버핏과의 섬심 식사 경매는 2022년을 끝으로 종료되었어요. 그의 나이가 92세에 이르러 건강상의 문제로 그만두게 되었다고 해요. 이제 더는 가지지 못할 버핏과의 점심 식사에서 들을 수 있을 법한 이야기, 버핏이 투자한 기업들의 흥미진진한 비하인드 스토리를 소개할게요.

버핏이 가장 사랑하는 기업, 코카콜라

1987년 10월 19일 월요일, 미국 뉴욕 증시가 발칵 뒤집혔습니다. 다우존스 산업평균 지수가 단 하루 만에 무려 22.6%나 폭락하는 역사상 최악의 사건이 터진 거예요. 사람들은 이날을 공포에 떨며 '블랙 먼데이', 즉 검은 월요일이라고 불렀습니다.

도대체 왜 이런 일이 벌어졌을까요? 당시 주식 시장은 너무 뜨겁게 달아올라 과열된 상태였어요. 게다가 미국의 무역 적자가 늘어나고 달러 가치가 떨어질 거라는 불안감이 커지고 있었죠. 엎친 데 덮친 격으로, 이때 처음 도입된 '컴퓨터 프로그램 매매'가 문제였습니다. 주가가 떨어지기 시작하자 컴퓨터가 자동으로 매도 주문을 쏟아냈고, 이게 폭락을 더욱 가속화했거든요.

미국에서 시작된 폭락은 순식간에 한국, 일본, 유럽 등 전 세계 증시를 무너뜨렸습니다. 다행히 미국 정부가 급히 돈을 풀고 금리를 낮춰서 경제가 완전히 망가지는 건 막았지만, 투자자들은 겁에 질려 주식을 헐값에 팔고 떠나기 바빴어요. 참고로, 이때의 충격으로 주가가 너무 급하게 떨어지면 잠시 거래를 멈추는 '서킷브레이커' 147페이지 참고 라는 안전 장치가 생겼습니다.

서킷 브레이커란?

주식시장에서 주가가 급격하게 폭락할 때 거래를 일시적으로 중단시켜 투자자들이 냉정을 되찾을 시간을 주는 안전장치다. 전기 회로의 차단기Circuit Breaker에서 이름을 따왔다. 1987년 블랙먼데이 이후 패닉 매도를 막기 위해 도입되었으며, 우리나라는 1998년부터 시행하고 있다. 한국 증시에서는 코스피나 코스닥 지수가 전일 대비 8% 이상 하락하고 1분간 유지되면 20분간 거래가 멈춘다. 15% 하락 시에도 같은 방식으로 작동하며, 하루에 최대 2번까지만 발동된다.

모두가 "이제 끝났다."며 도망칠 때, 워런 버핏은 조용히 코카콜라 주식을 대량으로 사 모으기 시작했습니다. 무려 자기 재산의 25%를 투자하면서 말이죠.

사람들은 의아해했어요.

"세상이 망할 것처럼 주가가 떨어지는데 주식을 산다고? 그것도 100년 넘은 음료 회사를?"

하지만 버핏의 생각은 달랐습니다.

"블랙 먼데이 때문에 코카콜라 공장이 무너졌나? 아니. 사람들의 입맛이 변했나? 아니."

주가는 폭락했지만, 코카콜라가 가진 가치는 전혀 훼손되지 않았다고 본 거예요. 그는 코카콜라를 단순한 음료수가 아니라 '행복한 습관'으로 정의했습니다.

“전 세계 사람들은 기분이 좋을 때 코카콜라를 마신다. 햄버거를 먹을 때도, 영화를 볼 때도, 더울 때도 콜라를 찾는다. 이건 단순한 음료가 아니라 사람들의 마음을 점령한 브랜드다.”

그의 예상은 적중했습니다. 시장의 공포가 진정되자 코카콜라 주가는 제자리를 찾아가기 시작했고, 전 세계 어디를 가도 빨간색 로고가 보이지 않는 곳이 없게 되었죠. 남들이 공포에 질려 가격만 보고 팔아버릴 때, 버핏은 변하지 않는 가치, 즉 습관의 힘을 보고 과감하게 투자하여 전설적인 수익을 올렸어요.

관심 없던 애플에 투자한 이유

시간이 흘러 2016년, 이번엔 더 놀라운 일이 벌어집니다. 평소 “나는 기술 기업은 잘 몰라서 안 산다.”라고 말하던 버핏이 갑자기 아이폰을 만드는 애플 주식을 대량으로 사들이기 시작한 거예요.

사람들은 또 수군거렸습니다.

“버핏이 왜 갑자기 기술주 투자를 하는 거지?”

“삼성이나 화웨이의 스마트폰이 치고 올라오는데 아이폰이 계속 1등을 할 수 있을까?”

하지만 이번에도 버핏의 눈은 정확했어요. 그는 애플을 ‘기술 기업’이 아니라 ‘소비재 기업’으로 정의했습니다. 마치 껌이나 면도기처럼 사람들이 매일 없으면 못 사는 필수품이 되었다고 본 거죠.

버핏은 이렇게 말했어요.

“내 손주들을 보니 아이폰을 손에서 한시도 놓지 않더라. 만약 아이폰을 뺏어가면 1만 달러를 준다고 해도 싫다고 할 것이다.”

사람들이 아이폰이라는 생태계에 푹 빠져서 헤어 나오지 못하는 모습을 본 버핏은 확신했습니다. “이건 단순한 기계가 아니다. 사람들의 삶을 지배하는 브랜드다.”라고요.

결국 애플 주가는 그 후로도 몇 배나 올랐고, 버핏에게 엄청난 수익을 안겨 주었어요.

코카콜라와 애플, 두 기업의 공통점은 무엇일까요? 바로 경쟁자가 아무리 공격해노 고객들이 절대 떠나지 않는 힘을 가졌다는 거예요.

다른 콜라가 더 싸도 사람들은 코카콜라를 마셔요. 맛과 습관 때문이죠. 다른 폰이 기능이 더 좋아도 사람들은 아이폰을 써요. 편리함과 감성 때문입니다.

워런 버핏은 재무제표의 숫자만 보고 투자하지 않았어요. 그 숫자 너머에 있는 소비자의 마음, 즉 '충성도'를 꿰뚫어 본 거예요. 여러분이 지금 좋아하는 그 브랜드, 혹시 가격이 좀 올라도 계속 사고 싶은가요? 만약 그렇다면 그 기업은 제2의 코카콜라, 제2의 애플이 될 가능성이 있습니다. 여러분의 마음만큼, 사람들의 마음을 사로잡은 기업을 찾아보세요.

한번 들어오면 못 나간다! 락인 효과

66 워런 버핏이 애플을 '필수소비재'라고 생각한 이유는 바로 락인 효과 때문이에요. 락인은 영어로 'Lock-in', 즉 잠금이라는 뜻입니다.

락인 효과란 소비자가 어떤 상품이나 서비스를 이용하기 시작하면, 다른 비슷한 상품으로 갈아타기 어려워지는 현상을 말해요. 마치 자물쇠로 문을 잠가버린 것처럼 고객을 가두는 거죠.

물론 진짜 감옥은 아닙니다. 고객들은 그 안이 너무 편해서, 혹은 나가는 게 너무 귀찮아서 스스로 머무르는 거예요. 경제학에서는 이걸 '전환 비용이탈 비용'이 높다고 표현해요.

전환 비용이란 고객이 지금 쓰는 제품이나 서비스를 떠나 다른 곳으로 옮길 때 치러야 하는 대가를 말합니다. 여기서 비용은 단순히 돈만 의미하는 게 아니에요. 새로운 것을 배우는 데 드는 시간과 노력, 기존에 쌓아둔 데이터를 잃어버리는 손실, 심지어 익숙한 것을 떠나는 심리적 스트레스까지 모두 포함됩니다.

전환 비용이 높을수록 고객은 쉽게 떠나지 못해요. 기업 입장에서는 이 전환 비용을 높이는 것이 고객을 붙잡아두는 핵심 전략이 되는 거죠.

그렇다면 기업들은 어떤 방식으로 전환 비용을 높일까요? 대표적인 세 가지 방법을 살펴볼게요.

첫 번째는 학습 효과입니다.

학교에서 문서 작업할 때 뭘 쓰나요? 대부분 마이크로소프트의 워드나 파워포인트를 쓸 거예요. 만약 내일부터 "더 싼 프로그램이 나왔으니 그걸 써."라고 하면 어떨까요? 단축키도 다르고, 메뉴 위치도 다르면 처음부터 다시 배워야 합니다. 몇 년간 손에 익힌 습관을 버리고 새로운 프로그램에 적응하는 건 꽤 큰 스트레스예요.

이때 '다시 배우는 데 드는 시간과 노력'이 바로 전환 비용인데요. 결국 "귀찮으니까 그냥 원래 쓰던 거 쓸래."가 되죠. 이것이 바로 어도비나 마이크로소프트가 꾸준히 돈을 버는 이유입니다. 사용자들이 오랜 시간 투자해서 익힌 습관 자체가 강력한 자물쇠가 되거든요.

두 번째는 네트워크 효과예요.

만약 인스타그램이 유료화된다면 여러분은 다른 앱으로 갈아탈 건가요? 쉽지 않을 거예요. 친구들이 모두 인스타그램을 쓰고 있으니까요. 나 혼자 다른 앱으로 옮기면 친구들의 일상을 볼 수도 없고, 내 일상을 공유할 수도 없어요.

바로 이때 발생하는 '관계의 단절'이 전환 비용이 됩니다.

이처럼 사용자가 많으면 많을수록 그 서비스의 가치가 올라가고, 결국 아무도 쉽게 떠날 수 없게 만드는 힘을 네트워크 효과라고 해요. 카카오톡이나 유튜브, 토스도 마찬가지고요. 모두가 쓰기 때문에 더 가치 있고, 가치 있기 때문에 더 많은 사람이 쓰는 선순환이 만들어지는 거죠.

세 번째는 생태계 효과입니다.

앞서 말한 애플이 대표적인데요. 아이폰 하나만 쓸 때는 갤럭시로 바꾸기 어렵지 않아요. 하지만 에어팟, 애플워치, 아이패드, 맥북까지 사용하고 있다면 어떨까요? 이 기기들은 서로 연결되어 사진도 자동으로 공유되고, 작업도 이어서 할 수 있어요. 그런데 아이폰만 갤럭시로 바꾸면

이 편리한 연결이 모두 끊어집니다. 이때 '다른 기기들과의 연결이 끊어지는 손실'이 전환 비용이에요.

하나의 제품이 아니라 여러 제품이 서로 연결된 생태계 전체가 거대한 자물쇠가 되는 거예요. 한 제품만 바꾸려 해도 전체 시스템을 포기해야 하니, 쉽게 떠날 수 없게 되는 거죠.

결국 락인 효과의 핵심은 전환 비용을 높이는 데 있습니다. 전환 비용이 높은 기업은 고객이 쉽게 떠나지 않기 때문에 안정적으로 수익을 올릴 수 있고, 심지어 가격을 올려도 고객을 유지할 수 있어요.

락인 효과가 압도적인 차이를 만든다!

투자자 입장에서 락인 효과가 있는 기업은 아주 매력적이에요.

먼저 가격 결정권이 있습니다. 가격을 좀 올려노 고객이 떠나지 못해요. 유튜브 프리미엄 가격이 올라도 계속 구독하는 이유가 바로 이거죠.

또한 매출을 예측하기 쉬워요. 다음 달에도, 내년에도 고객들이 계속 써줄 거라는 확신이 있으니 안정적으로 돈을 벌 수 있습니다.

마지막으로 마케팅비를 아낄 수 있어요. 떠난 고객을 다시 데려오려고 돈을 쓸 필요가 없거든요.

그렇다면 락인 효과를 누리고 있는 회사를 어떻게 찾을 수 있을까요? 우선 여러분의 일상을 돌아보세요. "이거 가격 좀 올랐네? 그래도 바꾸기 귀찮으니까 그냥 쓰자."라고 생각한 적 있나요? 바로 그 순간, 여러분은 그 기업에 락인된 것입니다.

투자의 힌트는 바로 그 지점에 있어요. 내가, 우리 가족이, 내 친구들이 '귀찮아서', '편해서', '남들이 다 써서' 도저히 끊지 못하는 서비스가 있다면? 그 기업은 앞으로도 꾸준히 성장하며 좋은 투자 대상이 될 가능성이 높답니다.

떠날 수 없는 서비스는 어떻게 만들어질까?

아래 3개의 서비스 중 하나를 선택해, 나만의 락인 아이템을 설계해 보세요.

SNS 앱	게임 플랫폼	금융 앱
친구·사진·커뮤니티 중심 서비스	레벨·아이템·길드· 경험치 구조	소비·송금·투자· 신용관리 기능

선택한 아이템에 아래의 3개 요소를 조합해 '락인 전략'을 설계합니다.

① 전환 비용 높이기	② 생태계 구축	③ 개인화·맞춤형 시스템
데이터 이전이 어려움, 기존 친구·커뮤니티가 묶여 있음, 앱 간 호환성 부족	자사 기기·앱 간 완전 연동, 부상·포인트의 교차 사용, 구독형 멤버십 연계	추천 알고리즘, 소비 기록 기반 리포트, 니만의 레벨 습관·패턴 데이터 활용

내가 설계한 락인 시스템의 효과를 점검해 봅시다.

이 아이템을 쓰면 왜 떠나기 어려울까요? 조금 불편해도 계속 쓰게 될까요?

활동지 작성 TIP 서비스 기획자 역할을 수행하며 창의성을 폭발시켜 보세요! 애플 vs 안드로이드 생태계 / 넷플릭스 → 시청 기록 락인 / 카카오톡 → 친구 네트워크 락인 / 게임 → 레벨·스킨·업적 락인 등 실제 사례와 비교하여 자신이 만든 아이템의 락인 효과에 관해 작성해 보세요!

락인 효과와 '압도적인 기업'을 분석하는 법

"왜 어떤 회사는 망할 걱정이 없을까? 왜 어떤 회사는 '사고 또 사도' 안전해 보일까?
비밀은… 습관과 생태계에 있었다구!"

1단계 : 코카콜라 분석하기 "습관의 힘을 가진 기업인가?"

1 다음 항목들을 살펴보며, 코카콜라가 가진 락인 효과에 관해 생각해 봅시다.

- 코카콜라 맛을 기억할 만큼 익숙하다 □ 예 □ 아니오
- 마음이 심심하거나 갈증 날 때 자연스럽게 코카콜라가 떠오른다 □ 예 □ 아니오
- 마트·편의점에서 코카콜라를 찾기 쉽다(유통망 강함) □ 예 □ 아니오
- 다른 브랜드로 바꿔도 괜찮지만, 코카콜라 맛이 더 익숙하다 □ 예 □ 아니오
- 광고·스폰서십(올림픽, 크리스마스 등)이 기억에 남는다 □ 예 □ 아니오

2 위의 항목들을 바탕으로 장기투자 관점에서 평가해 보세요.

기준	점수(1~5점)	이유
브랜드 파워		
유통망(접근성)		
제품의 지속성(꾸준함)		
위기 속에서도 버틸 힘		
총점		

2단계 : 애플 분석하기 "소비자를 락인시킬 생태계가 있는가?"

1 다음 항목들을 살펴보며, 애플이 가진 락인 효과에 관해 생각해 봅시다.

- 아이폰-아이패드-에어팟-맥북이 서로 자연스럽게 연결된다   □ 예 □ 아니오
- 다른 기기로 갈아타면 사진·메모·앱을 다시 옮겨야 해 불편하다   □ 예 □ 아니오
- 주변 친구·가족·학교에서 애플 사용자 비중이 높다   □ 예 □ 아니오
- 에어드롭·아이메시지 등 애플 전용 기능을 자주 사용한다   □ 예 □ 아니오
- 애플 신제품이 나오면 자연스럽게 관심이 생긴다   □ 예 □ 아니오

2 위의 항목들을 바탕으로 장기투자 관점에서 평가해 보세요.

기준	점수(1~5점)	이유
생태계의 견고함		
기술 경쟁력		
전환 비용		
미래 성장 가능성		
총점		

3단계 : 누가 더 '압도적인 기업'일까?

- 코카콜라 : 총점 _______ 점   ● 애플 : 총점 _______ 점
- 내가 더 높게 평가한 기업은?   □ 코카콜라   □ 애플

CHECK POINT!

□ 전환 비용과 락인 효과가 어떻게 이어지는지 스스로 설명할 수 있는가?

이 회사,
대체 어떻게
돈 버는 거야?

- 기업이 수익을 내는 구조
- 진짜 위기와 가짜 위기 구분하기
- 버핏이 좋아하는 기업의 특징

▷ 이번 시간
유튜브 영상 보기

펭수야~ 학교 가자! 3

따스한 햇살 아래, 펭수가 야외의 맑은 공기를
한껏 들이마시며 말했다.

"열심히 배운 당신, 떠나라! …가 아니라! 우리
진짜 떠나왔네? 이거 수학여행 맞지?"

곧이어 펭수와 똘비는 어느 펜션 안으로 들어
섰다. 나무로 지어진 펜션은 아늑하고 따뜻했다.
푹신한 침대를 발견한 똘비가 뽀송뽀송한 이불을 꼭 끌어안으며 감탄
했다.

"저 이런 데서 자 보는 거 처음이에요…!"

펜션 이곳저곳을 둘러보던 둘의 눈에 창가에 서 있는 어느 남자의 뒷
모습이 들어왔다. 남자는 가만히 창밖을 바라보고 서 있었다. 똘비가 고
개를 갸웃하더니 말을 걸었다.

"저기요, 사장님? 여기 펜션 너무 좋아요."
그가 천천히 돌아섰다.

"사장님이라니… 명석 쌤이다."
펭수가 깜짝 놀라 소파에서 벌떡 일어났다.

"우와! 여긴 왜 있어요?!"

"너희랑 수업하러 왔지." 명석 쌤이 무심하게
말했다. "미정 쌤이 너희 마지막 수업 잘 부탁한다고 하셔서."

"뭐, 또 수업이라고요?! 이거 여행 아니었어요?… 우릴 속였어!"

펭수가 고개를 떨구며 훌쩍였다.

"울지 마요…."

똘비가 펭수의 등을 다독였다.

"그래도 좋은 소식이 있어." 쌤이 입꼬리를 올렸다. "수학여행은 수학, 즉 공부도 하고 여행도 한다는 뜻이지? 공부 끝나면 바로 바비큐 파티가 준비돼 있어."

펭수의 표정이 순식간에 바뀌었다. 하지만 이내 단호한 얼굴로 말했다.

"저는 이제 절대 말로 속지 않습니다. 증거를 남겨야 합니다. 계약서 씁시다."

"무슨 계약서까지 써?"

"제가 미리 써왔습니다."

펭수가 어디선가 종이 한 장을 꺼내 왔다. 쌤이 계약서를 읽었다.

"수업이 끝나는 즉시, 바비큐를 구워 먹을 것임을 약속한다."

"여기서 중요한 건 '즉시'입니다, 즉시!"

펭수가 강조했다.

"오케이. 사인하자."

"계약 체결!"

펭수야~ 학교 가자! 3

두 사람이 힘차게 악수를 나눴다. 명석 쌤이 손뼉을 치며 말했다.

"좋아, 그럼 몸풀기 퀴즈부터 가 볼까? 9개의 글자를 보여줄 건데, 잘 조합해서 단어를 하나 완성하면 돼. 주제는 신용카드 회사가 수익을 추구하는 방법이야."

"배운 적이 없는 걸요."

펭수가 난감한 표정을 지었다. 반면 뚤비는 손을 번쩍 들며 말했다.

"자신 있어요!"

"그래, 남자는 자신감이야!"

명석 쌤이 엄지를 치켜세웠다.

"저 남자 아닌데요."

"어, 미안…." 쌤이 멋쩍게 웃으며 첫 번째 문제를 냈다. "'수, 펭, 료, 작, 수, 곤, 익, 객, 수'. 자, 여기에 숨겨져 있는 단어를 찾아봐."

수	펭	료
작	수	곤
익	객	수

"정답! '펭수'!" 똘비가 외쳤다. "근데 신용카드랑 뭔 상관이에요?"

"상관이 없으니, 당연히 정답이 아니지."

"아…."

"힌트 줄게. '수'를 다 써야 돼."

"수수료 수익!"

똘비가 다시 외쳤다.

"정답! 신용카드 회사는 우리가 결제할 때마다 가맹점에서 수수료를 받아. 1%에서 3% 정도라 작아 보여도, 이용자가 수백만 명이니까 엄청난 수익이 되지."

"카드 회사도 결국 수익을 내야 하는 기업이군요."

펭수가 고개를 끄덕였다.

이어서 명석 쌤이 두 번째 패널을 꺼냈다.

이	익	수
장	괄	달
원	자	얌

“‘이, 익, 수, 장, 괄, 달, 원, 자, 얌’.”

“여기 ‘이익’이 떡하니 보이는데요.”

똘비가 중얼거리자, 쌤이 힌트를 줬다.

“‘수’를 또 써야 해.”

“이자 수익!”

이번에는 펭수가 먼저 외쳤다.

“아, 내가 맞추려고 했는데!!!”

똘비의 아쉬워하는 목소리를 뒤로하고, 쌤이 설명했다.

“우리가 신용카드로 긁는 건, 사실 ‘빌려 쓰는 거’잖아. 약속된 날짜에 못 갚으면? 이자가 쌓이게 돼. 이게 바로 이자 수익이야.”

“아, 신용카드는 약간 위험한 것 같아요.”

똘비가 걱정스러운 표정을 지었다.

“자신을 잘 알고 써야 합니다.”

펭수가 진지하게 말했다.

마지막 문제가 나왔다.

“‘안, 녕, 똘, 환, 연, 금, 비, 살, 회’.”

“‘안녕, 똘비, 환승연애’!”

펭수가 외쳤다.

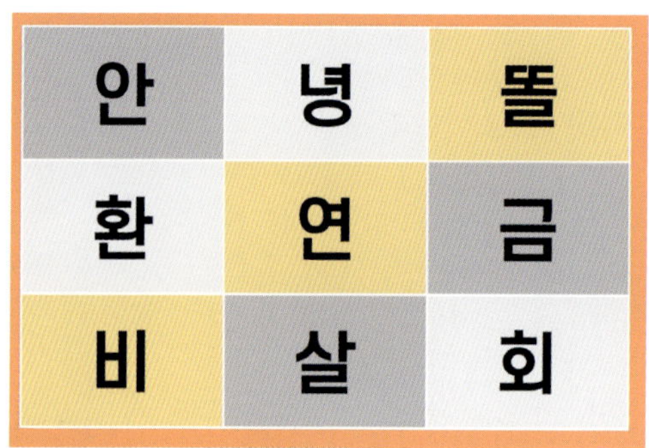

"똘비, 환연 나갔어?"

명석 쌤이 장난스럽게 물었다.

"초대해 주세요." 똘비가 진지하게 대답했다. "또 말할 것도 있고…."

펭수가 웃음을 터뜨리더니, 다시 외쳤다.

"연회비! 앗, 얼떨결에 맞춰 버렸네."

"혜택 좋은 카드는 연회비가 비싸기도 하지. 카드 회사들은 수수료, 이자뿐만 아니라 연회비까지 받아서 수익을 올리기도 해."

"수익 구조가 많네요."

펭수가 감탄했다.

명석 쌤이 자세를 바로잡으며 말했다.

"이 얘기를 왜 했냐면, 워런 버핏이 투자한 카드 회사가 있거든. 아메리칸 익스프레스, 줄여서 아멕스라고 들어봤어?"

"어디서 들어봤어요. 부자들이 쓰는 카드 아닌가요?"

똘비가 고개를 갸웃했다.

"맞아. 아멕스 블랙은 연회비가 수백만 원이야. 지드래곤 정도 돼야 받을 수 있다고 들었어. 연회비를 많이 내면 공항 라운지 같은 데 무료로 여러 번 갈 수 있고, 비싼 식당 예약도 쉽게 해주고.

'프리미엄'이라는 가치를 눈여겨본 워런 버핏은 '야, 요거 되겠다.' 싶어서 아멕스 주식을 저렴하게 많이 매수했어."

"그렇게 좋은 회사인데 어떻게 싸게 샀어요?"

똘비가 물었다.

"1964년에 '샐러드 오일 사태'라는 게 있었어. 어느 사업가가 샐러드 오일 재고를 담보로 돈을 빌렸는데, 실제로는 거대한 탱크에 샐러드 오일은 겉에만 조금 띄워놓고 그 밑에는 바닷물을 담아서 재고량을 엄청나게 부풀린 거야.

이 사기가 들통나면서 아메리칸 익스프레스의 자회사가 파산 신청을 했고, 아멕스 본사도 어마어마한 손실에 휘말렸어. 당연히 아멕스 주가가 또한 폭락했지. 그때 형편없는 기업으로 낙인이 찍혀 버렸는데, 워런 버핏은 '요거 기회다.’ 싶었던 거야.

버핏은 자산의 25%를 쏟아부어 아멕스 주식을 조용히 매집했지. 그리고 4년 만에 150%가 넘는 수익을 거뒀어.”

“미래에서 온 거 아니에요, 그 정도면?”

펭수가 감탄했다.

“그럼 버핏은 요즘 뭐에 투자하고 있냐면…” 명석 쌤이 말을 이었다.

“대표적으로 애플, 아메리칸 익스프레스, 코카콜라, 뱅크 오브 아메리카, 셰브론이 있어. 공통점이 뭘까?”

“여러 분야에 골고루 투자하셨네요.”

펭수가 고개를 끄덕였다.

“특별히 이 다섯 종목을 뽑은 이유가 있어. 우리가 흔히 말하는 배당주거든. 배당이 안정적으로 나오는 기업을 중심으로 투자해서, 배당으로 또 주식을 사고, 결국 다시 자산이 불어나는 구조를 만든 거야.”

“숨만 쉬어도 배당이 들어오는 구조군요! 지난번에 코런 버핏을 만났을 때도 들었어요.”

펭수의 말에 똘비도 아는 척하며 거들었다.

“그걸 ‘복리의 마법’이라고 하잖아요!”

"맞아. 이렇게 배운 내용으로 투자 감각을 쌓는 거야." 명석 쌤이 웃으며 말했다. "그리고 곧, 아주 오랜만에 예쁜 선생님이 오실 거야."

"누구죠? 다 예뻐서서 누군지 모르겠어요."

펭수와 똘비가 동시에 눈을 빛냈다.

"맞아, 다 예쁘시지, 그러니 기대해도 좋아!"

바비큐 파티를 향한 여정이 한 걸음 더 가까워지고 있었다. 하지만 그전에, 아직 배워야 할 것들이 남아 있었다.

기업이 수익을 내는 구조

   혹시 이런 궁금증을 가져본 적 있나요? '유튜브는 공짜로 영상을 보여주는데, 그 엄청난 서버 비용은 누가 내지?', '카카오톡은 메시지를 공짜로 보내게 해주는데, 어떻게 돈을 벌까?', '코스트코는 왜 물건을 사기도 전에 입장료부터 내라고 하지?'

우리는 흔히 '많이 팔면 돈을 번다.'고 생각해요. 하지만 기업마다 돈을 버는 방식은 천차만별입니다. 어떤 기업은 물건을 팔고, 어떤 기업은 서비스 이용료를 받고, 어떤 기업은 광고비를 받아요. 이렇게 기업이 가치를 만들고 수익을 얻는 구조를 '비즈니스 모델'이라고 부릅니다.

투자를 할 때 재무제표의 숫자만큼이나 중요한 것이 바로 이 비즈니스 모델을 파악하는 거예요. 재무제표 숫자는 일시적으로 좋아 보일 수 있지만, 돈을 버는 구조 자체가 탄탄한지 아닌지가 기업의 장기적인 성패를 결정하거든요.

세 가지 질문으로 기업을 파악하다

복잡한 경제 용어 없이, 딱 세 가지 질문만 던지면 그 회사가 어떻게 돈을 버는지 알 수 있어요.

누구에게 파는가?

첫 번째 질문은 "누구에게?"예요. 실제로 돈을 내는 사람이 누구인가요? 일반 소비자인가요, 기업 고객인가요, 아니면 광고주인가요? 서비스를 이용하는 사람과 돈을 내는 사람이 다른 경우도 많습니다.

무엇을 파는가?

두 번째 질문은 "무엇을?"이에요. 그 돈을 내는 사람에게 어떤 가치를 제공하나요? 물건인가요, 편리함인가요? 또는 재미나 시간 절약인가요?

어떻게 파는가?

세 번째 질문은 "어떻게?"예요. 어떤 방식으로 돈을 받나요? 물건을 팔 때 일시불로 받나요, 매달 정기적으로 받나요, 아니면 거래가 일어날 때마다 수수료로 받나요?

유튜브를 예시로 들어, 위의 세 가지 질문에 대한 답을 찾아보겠습니다. 우리는 유튜브에서 영상을 공짜로 봐요. 그렇다면 유튜브는 어떻게 돈을 벌까요?

첫 번째 질문의 답은 '광고주'입니다. 광고주가 유튜브에 돈을 내죠.

다음은 두 번째 질문의 답입니다. 우리는 재미있는 영상을 얻고, 광고주는 '수억 명의 시청자에게 자시 제품을 홍보할 기회'를 얻어요.

세 번째 질문의 답은 영상 앞뒤에 붙는 '광고비'입니다. 우리가 광고를 볼 때마다 광고주가 유튜브에 돈을 지불해요.

결국 유튜브의 진짜 상품은 영상이 아니라, 시청자의 관심인 것입니다. 유튜브는 우리의 관심을 모아서 광고주에게 파는 거죠. 물론 유튜브 프리미엄에 가입하면, 우리가 직접 돈을 내고 광고 없이 영상을 보는 구독 모델이 되죠.

돈 버는 방식의 네 가지 유형

세상에 수만 가지 기업이 있지만, 돈 버는 방식은 크게 네 가지 유형으로 나눌 수 있어요.

물건 판매형 가장 전통적인 방식으로, 물건을 만들어서 팔고, 하나 팔 때마다 수익이 발생해요.

구독형 물건이 아니라 서비스 이용 권리를 제공하고, 매달 정기적으로 돈을 받습니다.

소모품형 본체는 싸게 팔거나 심지어 공짜로 주고, 계속 사서 써야 하는 소모품으로 돈을 버는 방식입니다.

플랫폼형 직접 물건을 만들거나 서비스를 제공하지 않습니다. 대신 사람들이 모여서 거래할 수 있는 장을 마련해 주고, 거래가 일어날 때마다 수수료를 받아요.

첫 번째 유형은 물건 판매형이에요. 삼성전자가 스마트폰을 팔고, 현대자동차가 자동차를 팔고, 나이키가 운동화를 파는 것이 이 유형입니다. 가장 직관적이고 정직한 방식이지만, 단점도 있어요. 계속해서 새로운 제품을 개발하고 생산해야 합니다. 제품이 안 팔리면 재고가 쌓이고 손실이 발생해요. 경쟁사가 더 좋은 제품을 내놓으면 고객을 빼앗길 수도 있습니다.

두 번째 유형은 구독형이에요. 넷플릭스가 월 구독료를 받고 영상을 보여주고, 멜론이 월정액을 받고 음악을 들려주고, 코웨이가 정수기를 렌탈해 주고 매달 요금을 받는 것이 이 유형이에요. 투자자들이 선호하는 모델입니다. 한 번 고객이 되면 해지하기 전까지 매달 꾸준히 돈이 들어오기 때문이에요. 매출 예측이 쉽고, 고객이 쌓일수록 안정적인 현금 흐름이 만들어집니다.

앞서 배운 락인 효과와도 연결돼요. 넷플릭스에서 보던 시리즈가 있고, 저장한 콘텐츠가 있으면 쉽게 해지하기 어렵거든요.

세 번째 유형은 소모품형이에요. 면도기 회사 질레트가 대표적이에요. 면도기 본체는 저렴하게 팔지만, 면도날은 비쌉니다. 게임 회사들도 마찬가지예요. 플레이스테이션이나 닌텐도 스위치 같은 게임기 본체는 거의 원가에 팔고, 게임 타이틀과 온라인 서비스 구독료로 수익을 내죠. 네스프레소는 커피 머신을 보급하고 캡슐 커피를 팝니다.

프린터를 싸게 샀는데 잉크가 너무 비싸서 놀란 적 있지 않나요? 하지만 이미 그 프린터를 샀기 때문에 어쩔 수 없이 그 회사의 잉크 카트리지를 계속 사야 해요. 이것도 일종의 락인 효과를 활용한 비즈니스 모델입니다.

네 번째 유형은 플랫폼형이에요. 배달의민족이 음식점과 고객을 연결해 주고 수수료를 받고, 에어비앤비가 숙소 주인과 여행객을 연결해 주고 수수료를 받고, 신용카드 회사가 가맹점과 소비자 사이에서 결제를 중개하고 수수료를 받는 것이 이 유형입니다.

플랫폼 모델의 강점은 네트워크 효과예요. 사용자가 많아질수록 플랫폼의 가치가 높아지고, 가치가 높아지면 더 많은 사용자가 모입니다. 배달의민족에 음식점이 많으면 고객이 모이고, 고객이 많으면 더 많은 음식점이 입점해요. 이런 선순환이 형성되면 후발 주자가 따라잡기 매우 어렵습니다.

신용카드 회사가 돈을 버는 구조

요즘은 편의점에서 음료수 딱 하나만 살 때도 카드로 계산해요. 이렇게 가격에 상관없이 구매에 빈번히 사용하지만, 우리는 카드 회사에 돈을 한 푼도 내지 않죠. 카드도 대부분 공짜로 발급받거나, 소액의 연회비를 내고요. 그렇다면 카드 회사는 어떻게 돈을 벌까요?

사실 카드 회사는 매우 정교한 수익 구조를 갖고 있어요. 크게 세 가지 방법으로 돈을 버는데, 하나씩 살펴볼게요.

가맹점 수수료

우리가 식당에서 1만 원짜리 식사를 하고 카드로 결제하면, 카드 회사는 식당 사장님에게 1만 원을 그대로 주지 않아요. 약 1~2% 정도의 수수료를 떼고 지급합니다. 1만 원을 결제했다면 식당은 약 9,800·9,900원 정도를 받는 셈이에요

"고작 100원, 200원 떼서 일나나 벌겠어요?"라고 생각할 수 있어요. 하지만 잠깐 생각해 봅시다. 한국에서 하루에 이루어지는 카드 결제가 몇 건이나 될까요? 수천만 건입니다. 하루 카드 결제 금액 총액은 수조 원에 달해요. 여기서 1~2%만 떼어도 하루에 수백억 원의 수수료 수입이 발생합니다.

더 놀라운 것은 카드 회사가 이 돈을 벌기 위해 특별히 하는 일이 거의 없다는 점이에요. 우리가 밥을 먹고, 옷을 사고, 커피를 마실 때마다 자동으로 수수료가 들어옵니다. 사람들이 소비를 하는 한, 카드 회사의 수수료 수입은 멈추지 않아요.

이자 수입

신용카드의 본질은 사실 '외상'이에요. 우리가 카드로 결제하면 카드 회사가 먼저 가맹점에 돈을 지불하고, 우리는 한 달 뒤쯤 카드 회사에 갚는 구조입니다. 카드 회사가 잠깐 돈을 빌려주는 셈이죠.

그러나 약속한 날짜에 돈을 다 갚지 못하는 경우 문제가 생겨요. 결제 대금을 한꺼번에 갚지 못하고 할부나 리볼빙을 선택하면, 그때부터 이자가 붙기 시작하거든요. '리볼빙'이란 카드 대금 중 일부만 갚고 나머지는 다음 달로 넘기는 방식인데, 이자율이 매우 높아요. 카드 회사의 이자율은 은행 대출보다 훨씬 높은 편이죠. 연 15%, 심하면 20%가 넘는 경우도 있답니다.

대부분의 사람들은 제때 카드값을 갚아요. 하지만 일부라도 연체하거나 할부를 이용하는 사람들이 있다면, 그것이 카드 회사에는 상당한 이자 수입이 됩니다. 카드 회사 입장에서는 고객이 돈을 제때 갚지 않을수록 오히려 더 많은 이자를 받을 수 있는 구조예요.

연회비

혜택이 좋은 카드를 쓰려면 1년에 한 번씩 회비를 내야 해요. 이것을 연회비라고 합니다. 기본적인 카드는 연회비가 없거나 1~2만 원 수준이지만, 프리미엄 카드로 갈수록 연회비가 높아져요.

특히 고소득층을 대상으로 하는 최상위 등급 카드는 연회비만 수십만 원에서 수백만 원에 달합니다. 공항 라운지 무료 이용, 호텔 업그레이드, 전담 상담 서비스 같은 특별한 혜택을 제공하는 대신 그만큼의 비용을 받는 거예요. 이런 프리미엄 카드를 소유한다는 것 자체가 일종의 사회적 지위를 상징하기도 해요.

카드 회사의 진짜 힘 : 네트워크 효과

그렇다면 카드 회사는 앞서 배운 네 가지 돈 버는 유형 중 어디에 속할까요? 바로 '플랫폼형'입니다.

플랫폼형의 강력한 경쟁력은 네트워크 효과라고 했죠? 신용카드 회사도 마찬가지입니다. 카드를 쓰는 고객이 많아지면 가맹점 입장에서는 그 카드를 받아야 해요. 손님이 원하는 결제 수단을 거부할 수는 없으니까요. 그리고 카드를 받아주는 가맹점이 많아지면 고객 입장에서는 그 카드가 더 편리해지니까 더 많이 쓰게 됩니다. 고객이 늘면 가맹점이 늘고, 가맹점이 늘면 고객이 더 늘어나는 선순환이 만들어지는 거예요.

한 번 이 네트워크가 구축되면 후발 주자가 따라잡기 매우 어려워요. 새로운 카드 회사가 아무리 좋은 조건을 내걸어도, 이미 수백만 개의 가맹점과 수천만 명의 고객을 확보한 기존 카드 회사를 이기기는 쉽지 않습니다. 새 카드를 만들어도 쓸 수 있는 곳이 적으면 고객이 안 모이고, 고객이 적으면 가맹점도 굳이 그 카드를 받으려 하지 않거든요.

이것이 바로 신용카드 산업에서 비자, 마스터카드, 아메리칸 익스프레스 같은 기업들이 수십 년간 선두 자리를 유지할 수 있었던 이유예요.

워런 버핏이 좋아하는 비즈니스 모델

그렇다면 워런 버핏은 어떤 비즈니스 모델을 선호할까요?

버핏이 중시하는 기준은 '가격을 올려도 고객이 떠나지 않는 구조를 가지고 있는가?'입니다.

옆 가게가 조금만 가격을 낮춰도 고객이 떠나는 회사라면 나쁜 구조를 가지고 있는 것입니다. 치열한 가격 경쟁에 시달리고, 이익을 내기 어렵죠. 반대로 좋은 구조를 가진 회사의 경우, 상품 가격을 올려도 고객들이

"그래도 이 회사 제품을 써야지."라며 지갑을 엽니다. 이런 회사는 가격 결정권을 가지고 있고요.

이처럼 기업을 분석할 때 단순히 "이 회사가 무엇을 파는가?"만 볼 것이 아니라, "이 회사는 어떤 구조로 돈을 버는가?", "고객이 쉽게 떠날 수 있는가?", "가격을 올릴 수 있는 힘이 있는가?"를 함께 살펴봐야 해요.

비즈니스 모델을 이해하는 눈을 기르는 것, 이것이 숫자 너머의 기업 가치를 파악하는 핵심 능력입니다. 이 점을 실제로 증명한 워런 버핏의 또 다른 투자 사례를 소개하겠습니다.

워런 버핏, 위기 속에서 기회를 잡다

❝ 워런 버핏이 처음으로 아메리간 익스프레스, 줄여서 '아멕스'라 부르는 신용카드 회사에 투자했을 때, 그 회사는 잘나가기는커녕 망하기 직전이었어요.

1963년, 아멕스는 '샐러드 오일 스캔들'이라는 사기 사건에 휘말렸습니다. 당시 앤서니 드 앤젤리스라는 사업가가 샐러드 오일 재고를 담보

가짜 오일이 담겨 있던 오일 탱크
(출처 : 뉴어크 퍼블릭 라이브러리)

로 막대한 대출을 받았는데, 알고 보니 그 재고의 대부분이 가짜였어요. 탱크 안에는 기름 대신 물이 들어 있었고, 기름이 물보다 가볍다는 점을 이용해 얇은 기름층만 위에 띄워서 검사관들의 눈을 속였던 거예요.

문제는 아멕스가 이 사업가의 재고를 보증하는 업무를 맡았다는 점이었습니다. 사기가 드러나자 아멕스는 수천만 달러의 손해배상 책임을 져야 할 처지에 놓였어요. 이는 당시 회사 전체 가치의 상당 부분에 해당하는 금액이었습니다.

이에 주가는 폭락했고, 투자자들은 "아멕스는 이제 끝났다."며 주식을 팔아버리기 바빴습니다. 월스트리트의 분석가들은 회사가 파산할 수도 있다는 전망을 내놓았죠.

버핏이 식당으로 간 이유

대부분의 투자자들이 재무제표와 뉴스만 보고 공포에 질려 있을 때, 젊은 버핏은 남들과는 다른 행동을 했습니다. 그는 주식 거래소가 아니라 동네 식당으로 향했어요.

버핏은 식당, 백화점, 호텔 등 아멕스 카드를 받는 가맹점들을 직접 방문했습니다. 계산대 옆에 서서 손님들이 어떻게 결제하는지 관찰했어요. 그가 확인하고 싶었던 것은 딱 하나였습니다.

"회사가 사기를 당해서 빚더미에 앉았는데, 손님들이 계속 아멕스 카드를 사용할까?"

결과는 놀라웠어요. 손님들은 여전히 밥을 먹고 자연스럽게 아멕스 카드를 내밀었습니다. 식당 주인도 아무렇지 않게 카드를 받았고요. 회사 본사의 금고는 비어 가고 있었지만, 고객들의 마음속에 있는 아멕스 브랜드에 대한 신뢰는 전혀 흔들리지 않았던 거예요.

버핏은 이 관찰에서 중요한 걸 깨달았어요. 아멕스의 진짜 자산은 회계장부에 적힌 현금이나 건물이 아니었던 거예요. 수십 년에 걸쳐 쌓아 온 브랜드 신뢰도, 전 세계에 구축된 가맹점 네트워크, 프리미엄 이미지에 대한 고객들의 충성심이 진짜 자산이었습니다. 그리고 이 자산은 사기 사건에도 불구하고 손상되지 않았죠.

아멕스 카드의 시그니처인 투구를 쓴 남자는 로마 센추리온, 즉 로마군 대장이다. 로마 제국이 고대 역사상 가장 강력한 제국이었던 것처럼, 아메리칸 익스프레스는 센추리온 이미지를 통해 '금융계의 로마 제국'이라는 이미지를 만들었다.

버핏의 아멕스 투자는 기업 분석에서 매우 중요한 원칙을 보여줘요. 바로 기업이 처한 위기가 일시적인 것인지, 본질적인 문제인지를 구분하는 것입니다.

일시적 위기는 기업의 핵심 경쟁력과는 무관한 외부 충격이나 일회성 사건이에요. 경영진의 실수, 예상치 못한 사고, 일시적인 경기 침체 등이 여기에 해당합니다. 이런 위기는 시간이 지나면 해결되고, 기업은 원래의 궤도로 돌아가요.

반면 본질적 문제는 기업의 핵심 사업 모델이나 경쟁력 자체가 훼손된 경우예요. 기술 변화로 인해 제품이 시대에 뒤처지거나, 고객들이 경쟁사로 대거 이탈하거나, 산업 자체가 쇠퇴하는 경우가 여기에 해당합니다. 이런 문제는 시간이 지나도 해결되지 않고 오히려 악화돼요.

아멕스의 샐러드 오일 스캔들은 일시적 위기였습니다. 회사가 사기를 당해서 돈을 잃은 것은 분명 큰 타격이었지만, 카드 사업의 본질적인 경쟁력은 손상되지 않았어요. 브랜드 신뢰, 네트워크 효과, 고객 충성도 모두 그대로였죠.

이것을 현장에서 직접 확인한 버핏은 확신을 갖고 과감하게 행동했어요. 다른 투자자들이 공포에 빠져 아멕스 주식을 팔아 버릴 때, 그는 반대로 대량 매수에 나섰습니다. 1964년 자신이 운영하던 버핏 파트너십 자산의 무려 25%를 쏟아부어 아멕스 주식을 조용히 매집했고, 이후 아멕스 주식은 버핏 투자 포트폴리오의 40%까지 불어났어요.

버핏은 이렇게 생각했습니다.

"이건 망할 위기가 아니라, 좋은 기업을 싸게 살 수 있는 기회다."

결과는 버핏의 판단이 옳았음을 증명했죠. 아멕스는 손해배상금을 지불하고도 살아남았습니다. 브랜드 신뢰가 유지되었기 때문에 고객들은 떠나지 않았고, 카드 사용량은 계속 늘어났어요.

회사가 위기를 극복하고 정상화되면서 주가는 반등했고, 버핏은 주당 약 0.94달러에 매수한 주식을 5달러 수준에서 매도해서 4년 만에 150%가 넘는 수익을 거뒀습니다.

버핏의 아멕스 투자는 60년이 지난 지금도 가치 투자의 교과서적인 사례로 꼽혀요. 그리고 버핏은 아직도 아멕스 주식을 보유하고 있습니다. 한 번 확인한 본질적 가치에 대한 믿음을 수십 년간 유지하고 있는 거예요.

버핏이 투자하는 회사들에는 공통점이 있다

❝ 워런 버핏의 아멕스 투자 이야기를 들으니, 앞서 펭수가 "이쯤 되면 미래에서 온 것 아니에요?"라고 한 것이 이해되죠? 그럼 버핏이 운영하는 회사 '버크셔 해서웨이'의 포트폴리오를 한번 살펴볼까요? 2025년 기준으로 버핏이 가장 많이 보유한 상위 5개 주식은 다음과 같아요.

1위는 '애플'로 전체 포트폴리오의 약 26%를 차지합니다. 아이폰을 만드는 바로 그 회사예요. 2위는 '아메리칸 익스프레스'로 약 16%입니다. 앞서 샐러드 오일 스캔들 이야기에서 배운 그 카드 회사죠. 3위는 '코카콜라'로 약 11%입니다. 4위는 은행인 '뱅크 오브 아메리카'로 약 10%이고, 5위는 석유 회사인 '셰브론'으로 약 8%입니다. 출처 : 2024년 3분기(Q3) 기준 버크셔 해서웨이의 공식 13F 보고서 데이터.

이 다섯 개 기업이 버핏 전체 투자의 70% 이상을 차지하고 있어요. 세상에는 수만 개의 기업이 있는데, 왜 하필 대부분을 이 기업들에 투자하는 걸까요?

물론 앞서 배운 것처럼 강력한 브랜드, 락인 효과, 지속 가능한 경쟁력

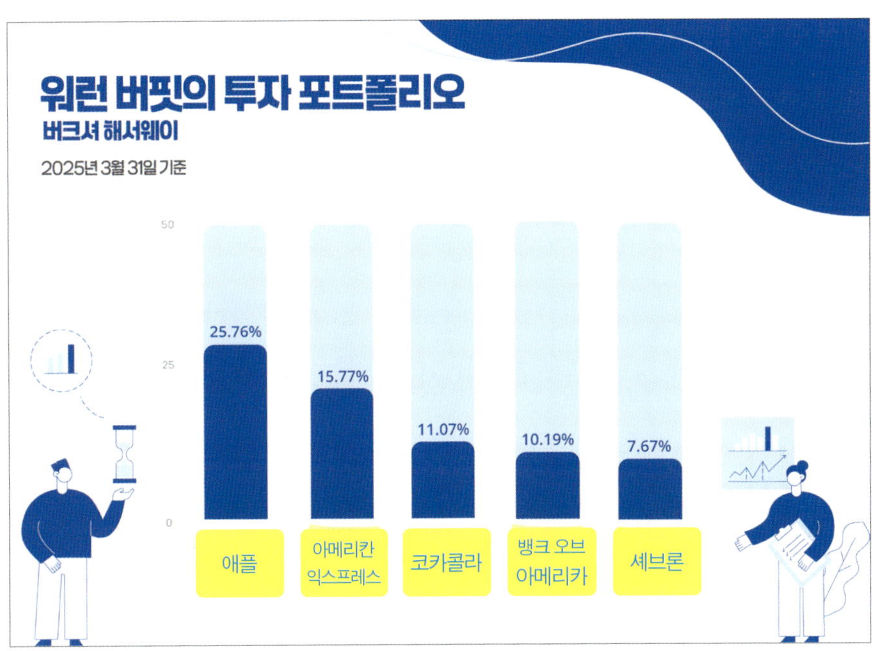

그림7 워런 버핏의 투자 포트폴리오

을 갖춘 기업들이기 때문이에요. 하지만 중요한 이유가 하나 더 있습니다. 하나같이 배당금을 꾸준히 지급하는 '배당주'라는 것이죠.

버핏의 배당금 재투자 전략

버핏이 코카콜라에서 받는 배당금만 연간 7억 달러가 넘어요. 한화로 약 9천억 원입니다. 아메리칸 익스프레스에서 받는 배당금도 수억 달러에 달하고, 애플에서 받는 배당금은 더 많아요. 버핏은 이 주식들을 팔지 않고, 갖고만 있어요. 그런데도 매년 엄청난 현금이 들어옵니다.

우리가 학교에서 공부를 하거나 잠을 자는 동안에도, 기업들은 쉬지 않고 일해요. 코카콜라 직원들이 음료를 만들어 팔고, 애플 직원들이 아이폰을 만들어 팔고, 아멕스 직원들이 카드 결제를 처리합니다. 그렇게 벌어들인 이익의 일부가 주주에게 배당금으로 돌아가요.

그렇다면 버핏은 이 막대한 배당금으로 무엇을 할까요? 호화로운 생활을 즐길까요? 아니에요. 버핏은 여전히 60년 전에 구매한 집에서 살고, 맥도날드 햄버거로 아침 식사를 즐기는 소박한 생활을 합니다. 대신 그는 받은 배당금으로 다시 좋은 기업의 주식을 사요.

배당금을 받고, 그 배당금으로 주식을 더 사고, 늘어난 주식에서 더 많은 배당금을 받고, 그 배당금으로 또 주식을 삽니다. 이 과정이 수십 년간 반복되면서 버핏의 자산은 엄청난 규모로 불어났어요.

이것이 바로 버핏의 배당금 재투자 전략이랍니다. 그리고 이것이 앞서 배운 복리의 힘이 현실에서 작동하는 방식입니다. 내 주머니에서 새로운 돈을 꺼내지 않아도 배당금이라는 연료가 계속 공급되니까, 자산이라는 눈덩이가 멈추지 않고 굴러가는 거예요.

앞에서 배당금 재투자의 놀라운 효과를 배웠죠? 1-2교시(56페이지) 참고 여러분이 용돈을 아껴서 산 주식 1주는 아주 작아 보일 수 있어요. 그 주식에서 받는 배당금도 몇백 원, 몇천 원에 불과할 테고요.

하지만 그 기업이 성장해서 배당금을 꾸준히 늘려준다면 어떨까요? 그리고 그 배당금으로 주식을 한 주 더 사고, 또 배당금을 받고, 또 주식을 산다면요? 이 과정을 10년, 20년, 30년 반복한다면?

나중에 어른이 되었을 때 그 주식들은 매달 생활비를 대주는 든든한 수입원이 되어 있을 거예요. 이솝우화에 나오는 황금알을 낳는 거위처럼요. 다만 현명한 투자자는 황금알을 낭비하지 않고 다시 거위를 사는 데 써요. 그러면 거위가 두 마리, 네 마리, 여덟 마리로 늘어나고, 황금알의 양도 크게 늘어나겠죠?

버핏이 수십 년간 해온 일이 바로 이것입니다. 그는 꾸준히 배당금을 주는 좋은 기업을 찾아내고, 그 기업이 준 배당금으로 또 다른 좋은 기업의 주식을 샀어요. 그 결과 지금은 매년 엄청난 배당금이 들어오는 포트폴리오를 갖게 되었죠.

이 회사, '진짜 위기'일까?

경제 뉴스를 보던 똘비는 깜짝 놀랐어요. 투자 중인 기업들의 주가가 급락한 거예요. 바로 팔아야 할지, 아니면 오히려 저렴하게 더 살 수 있는 기회일지, 똘비는 고민에 빠졌어요.

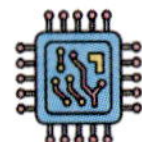

A 전자

스마트폰 신제품이 카메라 결함 이슈로 소비자 불만이 폭주하며 주가가 -15% 하락했다.

B 유통

매년 매출이 늘었지만, 최근 3년 연속 순이익 적자다. 온라인 경쟁에 밀려 오프라인 매장의 20%는 폐점했다.

똘비의 판단은?

A 전자

☐ 진짜 위기(본질적 문제)
☐ 가짜 위기(일시적 문제)

B 유통

☐ 진짜 위기(본질적 문제)
☐ 가짜 위기(일시적 문제)

정답 : **가짜 위기**

제품 한 개 라인의 일시적 품질 문제이며, A 전자는 기술력·브랜드·글로벌 유통망을 보유한 덕분에 빠르게 리콜과 후속 제품으로 회복했다. (주가도 3개월 후 회복!)

정답 : **진짜 위기**

유통 산업 구조 변화에 제대로 대응하지 못함. 매출이 늘어도 이익을 못 내므로 사업을 지속하기 어려울 수 있다. (이후 주가 반등 없이 2년간 하락!)

활동지 작성 TIP 이 사고실험의 목적은 기업 평가 시 감정과 데이터 간 균형을 잡는 방법을 깨치는 데 있습니다. 나의 판단과 정답을 비교하고, 위기를 맞았던 회사들의 실제 사례를 찾아보세요.

도대체 어떻게 돈을 버는 걸까?

"자, 지금부터 기업의 재무제표 숫자는 잠시 잊어도 돼. 대신 이 회사는 누구에게,
무엇을, 어떻게 팔아서 돈을 버는지를 파악하고
이 회사의 비즈니스 모델(돈 버는 구조)을 해독하는 것이 미션이야."

"그런 거라면 자신 있죠. 이제까지 배운 실력을 발휘하겠습니다!"

1단계 : 회사 카드 선택하기

아래 4개의 '돈 버는 방식'이 서로 다른 회사 카드 중 1개를 골라 분석해 보세요.

영상 플랫폼 회사

고객이 아닌 광고주에게서 돈을 받음

• '관심·시청 시간'을 판매

정수기 렌탈 회사

정기 구독형 • 제품보다 '사용권'을 판매

• 락인 효과 강함

캡슐 커피 회사

소모품 반복 구매가 핵심

• '몸통은 싸고 칼날은 비싼' 구조

배달 플랫폼

연결(중개)하고 수수료로 돈을 벌어

플랫폼을 키움

☞ 내가 선택한 회사는? ________________________________

2단계 : 3문장으로 사업모델 완성하기

기업의 본질은 단 3문장으로 드러납니다. 아래 빈칸을 채워 보세요.

● 누구에게 팔아 돈을 버는가?(고객·광고주·기업) _________________________

● 무엇을 파는가?(제품·편리함·시간·주목·서비스) _________________________

● 어떤 방식으로 돈을 받는가?(판매· 구독·소모품·수수료) _________________________

3단계 : 이 회사의 '수익 모델'은?

기업의 네 가지 돈 버는 방식 중 해당 회사가 어디에 속하는지 체크해 보세요.

☐ **판매형**　　　　 팔 때마다 수익 발생(일회성 판매)

☐ **구독형**　　　　 매달·매년 꾸준히 정액을 받는 구조

☐ **소모품형**　　　 '몸통은 싸고 소모품은 반복 구매' 구조

☐ **플랫폼형**　　　 연결해 주고 수수료를 받는 구조

4단계 : "이 기업은 결국 …로 돈을 번다!"

아래 문장을 완성해 보세요.

"이 회사는 (___________)을/를 (________)에게 팔고,

(_____________________) 방식으로 돈을 버는 구조입니다.

그래서 이 비즈니스 모델의 강점은 (___________________)이고,

약점은 (___________________)라고 생각합니다."

CHECK POINT!

☐ 내가 선택한 회사의 '진짜 고객(돈을 내는 주체)'이 누구인지 정확히 구분할 수 있는가?

보물 찾기? 아니, 해자 찾기!

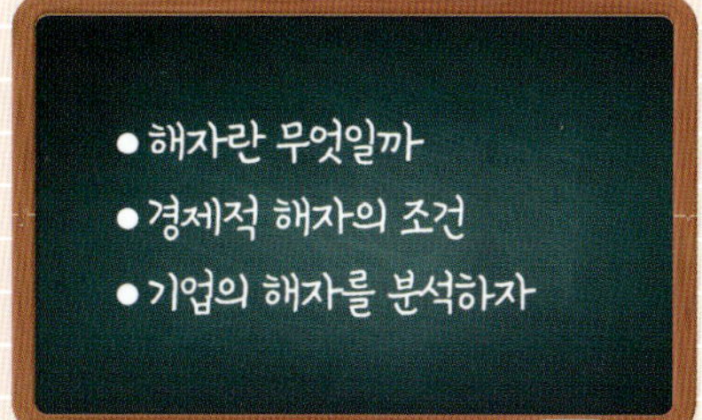

▷ 이번 시간
유튜브 영상 보기

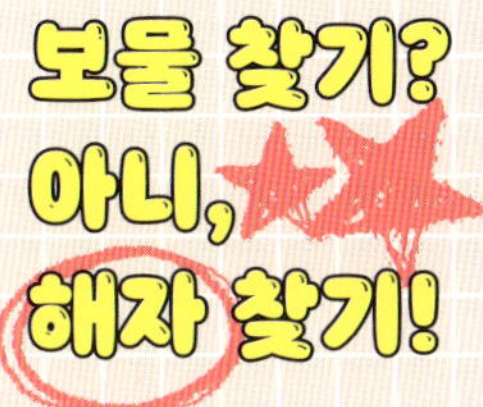

세 번째 수업 : 차원이 다른 기업을 알아 보는 법

잠시 후, 푸른 숲과 시원한 공기, 바비큐 냄새가 솔솔 퍼지는 펜션 마당. 펭수가 양팔을 벌리고 외쳤다.

"이게 바로 수학여행이지~! 날씨 좋다!"

그때, 명석 쌤이 주영 쌤과 함께 등장했다. 그런데 쌤의 말은 둘의 기대와 전혀 달랐다.

"아직 즐길 때가 아니야."

"무슨 말이에요, 쌤? 계약서 쓰셨잖아요!"

"바비큐 약속했잖아요!"

둘은 소리 높여 항의했다.

명석 쌤이 씨익 웃으며 말했다.

"바비큐는 약속했지. 하지만 그전에 배워야 할 게 남았어!"

오늘의 수업은 게임 형식이었다. 숨겨진 쪽지에는 바비큐 재료와 함께 실제 기업 정보가 적혀 있었다. 각 팀은 찾아낸 기업 중 3개 기업을 골라 포트폴리오에 담고, 마지막엔 미래 산업 환경에 가장 적합한 '해자'를 가진

기업을 뽑아야 했다.

펭수와 명석 쌤, 똘비와 주영 쌤이 한 팀이 되었다.

"시작!" 펭수가 외치는 동시에 달리기 시작했다. "쌤! 저쪽으로 가요!"

"어? 어디로…?!"

명석 쌤이 허둥지둥 뒤따랐다.

좌충우돌 끝에 명석 쌤이 펭수와 함께 찾아낸 기업은 다음과 같았다.

튼튼제약 암 진단 키트를 개발한 바이오 기업. 내시경 없이 혈액만으로
진단이 가능한 기술을 보유하고 있음.

"의료 기술이라는 진입장벽, 꾸준한 수요. 이런 기업은 정말 안정성 끝
판왕이죠."

펭수가 자신 있게 설명했다.

시크릿 보안 보이스피싱 탐지 기술을 보유한 보
안 기업. 개인 정보 보호와 고령층 보안 수유가
급증하는 추세임.

"요즘 보이스피싱, 정말 쉴 새 없이 오거든요.
그래서 저는 이제 알고 받아요."

펭수의 말에 명석 쌤이 고개를 갸웃했다.

"그럼 이런 기술은 필요 없는 거 아니야?"

"저 같은 펭권은 알지만, 처음 받는 사람도 있을 거 아니에요. 특히 어르신들한테는 보이스피싱을 방지하는 프로그램이 필수죠!"

명석 쌤이 고개를 끄덕이며, 다음 카드를 열었다.

빨라배송 수상버스와 UAM, 즉 도심항공교통 기술을 가진 미래형 모빌리티 기업. 최근 동글 자동차 인수로 시너지를 확보한 상태.

"이건 그냥 유니콘이다, 유니콘! 이 기업은 세계로 간다고 봅니다!"

펭수가 두 팔을 번쩍 들었다.

개념 키움 | 유니콘 기업

기업 가치 10억 달러약 1조 원 이상, 창업 10년 이하, 비상장이라는 세 가지 조건을 모두 충족하는 스타트업을 말한다. 2013년 미국 벤처캐피털리스트 에일린 리가 처음 사용한 용어로, 전설 속 동물 유니콘처럼 현실에서 찾기 극히 어렵다는 의미를 담고 있다. 스타트업이 상장 전에 1조 원 이상의 가치로 성장하는 것은 매우 드문 일이기 때문이다.

혁신적인 기술과 비즈니스 모델로 단기간에 폭발적 성장을 이룬 기업들로, 토스비바리퍼블리카, 무신사, 야놀자 등이 한국의 대표적인 유니콘 기업이다. 기업 가치가 10조 원을 넘으면 '데카콘', 100조 원을 넘으면 '헥토콘'이라 부른다.

다음은 주영 쌤과 똘비 차례. 똘비 팀은 다음 세 기업을 선택했다.

편리해전자 1인 1로봇 시대를 겨냥해 휴머노이드 로봇을 개발하는 기업.

똘비가 기업 정보 카드를 보여주며 신나서 외쳤다.

"미래는 기계 친구와 함께하는 세상이죠!"

맑음웨더   AI 기반 기후 예보와 라이프스타일 맞춤형 서비스를 제공하는

기상 정보 플랫폼.

"제가 스트리트 출신인 거 아시죠? 맨발로 거

리 생활을 했으니, 날씨가 얼마나 중요한지 뼈저

리게 안다고요.

"기후의 영향을 많이 받으셨군요."

똘비의 말에, 펭수가 신시하게 물었다.

"맞습니다. 자연에 민감한 삶을 살아온 저에게

최적의 투자죠."

안전해보험   1인 가구, 반려동물, 자연재해 대상 맞춤형 보험을 제공.

“다양한 위험이 커질수록 보험의 가치도 커집니다. 한 치 앞을 알 수 없는 세상에서 필수예요!”

주영 쌤이 설명했다. 똘비가 옆에서 엄지손가락을 치켜들자, 펭수가 물었다.

“혹시 반려 비둘기세요?”

PD가 봉투를 들고 나타났다.

“10년 후, 어떤 산업이 승자가 될까요? 지금부터 공개되는 미래 환경에 가장 잘 맞는 ‘해자’를 가진 기업이 오늘의 승자가 됩니다!”

명석 쌤이 정답 봉투를 열고, 정답 카드를 읽었다.

“UAM_{하늘을 이동 경로로 활용하는 미래의 도시 교통 체계} 상용화! 차세대 모빌리티가 일상이 된다.”

펭수가 두 팔을 번쩍 들었다.

“이건 우리 빨라배송이잖아요! 기술력으로 무장한 미래형 기업!”

명석 쌤이 고개를 끄덕이며 설명했다.

“맞아. ‘해자’란 경쟁자가 쉽게 따라올 수 없는 강력한 진입 장벽을 말해. UAM 기술은 개발 비용, 인증 제도, 인프라 문제 때문에 진입 자체가 어렵고, 승자 독식이 가능한 구조지.”

주영 쌤도 동의했다.

"다른 기업들도 멋졌지만, 미래 산업 환경에 얼마나 잘 맞는지 따졌을 때 빨라배송이 가장 강한 해자를 가진 기업으로 보여요, 인정!"

"예~~쓰!" 펭수가 환호하며 계약서를 펄럭였다. "그럼 약속대로 바비큐 파티를 시작하자고요!"

드디어 기다리던 순간이었다. 불판 위에서 고기가 지글지글 익어가고, 맛있는 냄새가 마당 가득 퍼졌다.

주영 쌤이 컵을 들어 올리며 말했다.

"건배사로 명석 쌤이 이행시를 한번 하시죠!"

"키!"

"키워라!"

펭수의 외침을 명석 쌤이 받았다.

"움!"

다시 펭수가 외쳤다. 명석 쌤은 잠시 움찔하더니, 자신 없는 듯 살짝 작아진 목소리로 말했다.

"우…움! 트는 계좌여…!"

"파이팅!"

컵 부딪히는 소리와 함께 웃음이 터져 나왔다.

해자, 경쟁자가 넘볼 수 없는 성벽

66 앞서 우리는 워런 버핏이 사랑한 기업들의 비밀을 살펴봤어요. 그런데 배당주라는 것 외에, 또 한 가지 굉장히 중요한 공통점이 있답니다. 바로 '해자'를 가지고 있다는 거예요.

해자는 원래 성을 방어하는 시설을 뜻하는 단어에요. 버핏이 〈포천〉지와의 인터뷰, 주주서한 등에서 기업 경쟁력에 대한 비유로 사용했죠. "나는 훌륭한 성기업과 그 성을 보호하는 넓은 해자경쟁 우위를 가진 기업을 찾는다."라고요.

오늘날 해자의 개념은 경제와 투자의 세계에서 상식과도 같이 굳어졌습니다. 이번 장에서는 이 개념을 제대로 이해해 봅시다.

해자의 의미와 종류

중세 시대 영화를 보면 거대한 성 주변에 깊은 물길이 파여 있는 걸 볼 수 있어요. 이것을 해자moat라고 부릅니다. 적군이 성을 공격하려면 이 물을 건너야 하는데, 그러다 화살을 맞거나 물에 빠지기 쉽죠. 해자가 넓고 깊을수록 성은 안전합니다.

워런 버핏은 기업을 성에 비유했어요. 기업이 돈을 잘 벌면, 즉 성 안에 보물이 쌓이면, 경쟁자들이 쳐들어와서 기술을 베끼고 가격을 낮추려 합니다. 이때 경쟁자가 쉽게 넘어올 수 없도록 막아주는 방어막이 바로 경제적 해자예요.

기업마다 성을 지키는 무기는 다른데요, 대표적인 다섯 가지 경제적 해자를 알아볼까요?

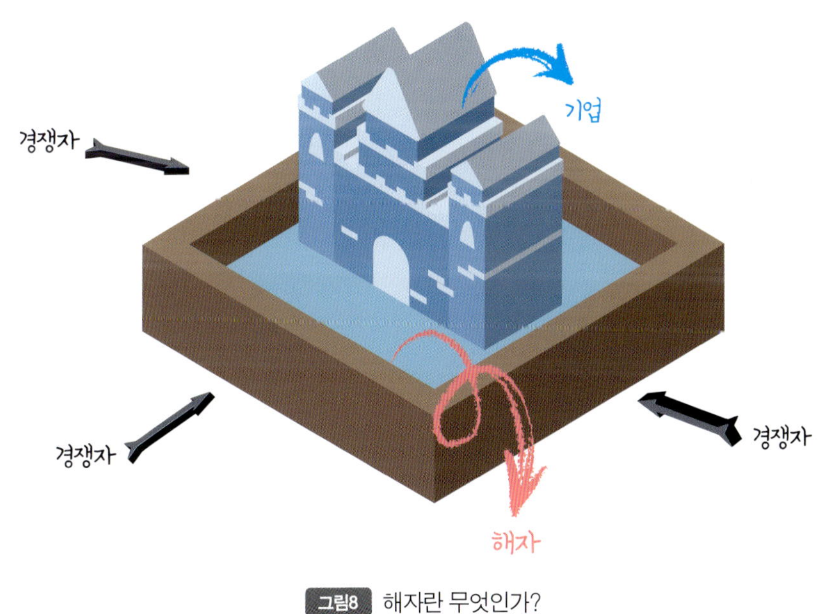

그림8 해자란 무엇인가?

첫 번째는 무형 자산이에요. 브랜드와 특허가 여기에 해당합니다. 코카콜라, 나이키, 루이비통 같은 기업은 경쟁사가 더 싼 제품을 내놔도 대부분의 사람들은 비싼 돈을 내고 그들의 브랜드를 구입해요.

그런가 하면 제약 회사는 특허라는 법적 보호막을 가지고 있어서, 일정 기간 동안 아무도 똑같은 약을 만들 수 없죠.

이처럼 브랜드와 특허는 눈에 보이지 않지만 강력한 해자가 돼요.

두 번째는 전환 비용 150~151페이지 참고 이에요. 락인 효과가 자동으로 떠올랐다면, 이제까지 수업을 정말 잘 따라왔다는 증거예요! 락인 효과가 있는 상품들, 예를 들어 애플이나 마이크로소프트 제품을 다른 걸로 바꾸려면 새로 배우거나 데이터를 옮겨야 해서 시간과 노력이 많이 들어요. 이렇게 바꾸는 것이 힘들면 고객은 쉽게 떠나지 못합니다. 고객을 가두

그림9 경제적 해자의 종류 (198쪽에서 이어짐)

는 가장 강력한 해자 중 하나예요.

세 번째는 규제와 독점이에요. 어떤 산업은 정부가 진입을 엄격하게 제한합니다. 강원랜드 같은 카지노는 사회적 영향 때문에 허가받은 곳만 운영할 수 있어요. 한국전력 같은 전력 산업은 국가 기간산업이라 독점이 허용되고요. 두 경우 모두 경쟁자가 아예 들어올 수 없는 구조예요.

네 번째는 네트워크 효과입니다. 카카오톡이나 인스타그램은 나 혼자 쓰면 아무 의미가 없죠. 사용자가 늘어날수록 서비스의 가치가 커지고, 가치가 커지면 더 많은 사용자가 모입니다. 이런 선순환이 형성되면 후발 주자가 따라오기 매우 어려워요.

다섯 번째는 비용 우위예요. 같은 물건을 많이 만들어 파는 대기업은 규모의 경제를 통해 원가를 크게 낮출 수 있습니다. 경쟁자가 가격을 낮춰도 "우리는 더 싸게 팔 수 있어!"라며 이겨 버릴 수 있죠.

버핏의 선택을 다시 돌아보자

자, 이제 버핏의 포트폴리오가 다르게 보일 거예요.

코카콜라는 100년 넘는 브랜드 해자와 전 세계 유통망을 통한 비용 우위 해자를 가지고 있어요. 애플은 한 번 쓰면 빠져나가기 어려운 전환 비용 해자가 있습니다. 아멕스는 프리미엄 이미지라는 브랜드 해자와 가맹점이 많은 네트워크 해자를 갖추고 있고요.

버핏은 그냥 감으로 고른 게 아니라, 이 기업들의 해자가 얼마나 깊고 넓은지를 철저하게 분석했던 거예요.

해자가 튼튼한 기업은 '가격 결정권'을 가집니다. 원자재 가격이 올라서 물가가 비싸져도, "우리 제품 가격 좀 올릴게."라고 당당하게 말할 수 있어요. 그래도 고객들은 떠나지 않으니까요. 이것이 바로 인플레이션 시대에도 살아남는 비결이죠.

여러분이 투자하고 싶은 기업이 있나요? 그렇다면 다음 질문을 던져 보세요.

첫째, 경쟁사가 똑같은 걸 만들면 고객이 떠날까요? 만약 "아니요, 그래도 이 기업 제품을 쓸 거예요."라는 답이 나온다면 해자가 있는 거예요.

둘째, 가격을 10% 올려도 사람들이 계속 살까요? "네, 그래도 살 거예요."라면 가격 결정권이 있다는 뜻이죠.

셋째, 이 기업을 무너뜨리려면 얼마나 많은 돈과 시간이 들까요? 엄청난 자본과 시간이 필요하다면 해자가 깊다는 의미입니다.

이 질문에 자신 있게 대답할 수 없다면, 그 기업의 해자는 얕을 수 있어요. 시간이 지나도 무너지지 않는 성, 경제적 해자가 있는 기업을 찾아보세요!

해자를 가진 회사는 둘 중 어디?

똘비가 카페를 차리려고 합니다. 드디어 스트리트 생활에서 벗어나서, 오래오래 경영할 수 있는 좋은 브랜드의 카페를 창업하고 싶은데요, 둘 중 어느 카페를 창업할지 고민이라고 해요.

원두 품질은 평범, 가격은 높음. 하지만 수십만 명이 멤버십을 사용 중이고, 전 세계 10만 개 매장이 있음.

최근 인기 급상승, 저렴하고 맛도 좋음. 인스타에서 '핫플'로 떠오름

A 카페가 가진 해자 유형은?

□ 브랜드　　□ 전환 비용
□ 네트워크 효과
□ 없음

B 카페가 가진 해자 유형은?

□ 브랜드　　□ 전환 비용
□ 네트워크 효과
□ 없음

경쟁자가 따라잡기 어려운 '해자'를 가진 쪽은 누구일까요?　A카페 □　　B카페 □

활동지 작성 TIP　이 사고실험은 경제적 해자의 개념을 이해하고, 다양한 투자의 관점(주식투자뿐 아니라 창업)에서 해자를 찾는 연습을 해보기 위한 것입니다. 진입 장벽뿐 아니라, 투자에 있어 단기 유행과 장기 지속 가능성 중, 어떤 것이 더 중요한지에 대해서도 생각해 보세요!

압도적 기업 TOP 3를 선정해 보자

"해자가 깊은 기업은 시간이 지나도 무너지지 않는단 말이지.
그렇다면 '장기 투자 기업 고르기'의 마지막 관문은 경제적 해자 찾기다! 시작해 볼까?"

1단계 : 해자 체크리스트 확인하기

아래 질문에 "예/아니오"로 답하면 해자의 유무를 빠르게 확인할 수 있어요.

- 이 기업의 제품/서비스를 사람들이 쉽게 바꾸지 않는다 □ 예 □ 아니오
- 경쟁사가 따라 하기 어려운 기술·브랜드·생태계가 있다 □ 예 □ 아니오
- 사용자가 많으면 많을수록 가치가 증가한다 □ 예 □ 아니오
- 규모가 커서 가격 경쟁력이 있다(대량생산·유통망) □ 예 □ 아니오
- 독점적이거나 업계 최상위권 자리를 오래 지키고 있다 □ 예 □ 아니오

☞ '예' 4개 이상 → 강한 해자를 가진 기업

2단계 : 해자를 가진 기업 리스트 1차 만들기

아무 생각 말고, 떠오르는 기업을 6개 적어 보세요. (학교·집·SNS·쇼핑·음악 등 "내 삶에서 자주 쓰는 기업"이 힌트!)

① ____________________ ② ____________________
③ ____________________ ④ ____________________
⑤ ____________________ ⑥ ____________________

3단계 : 기업별 해자 강도 분석하기

각 기업을 5개 해자 요소로 평가해 보세요. (1점=약함 / 5점=매우 강함)

기업명	무형 자산	전환 비용	네트워크	규제, 독점	비용 우위	총점

☞ 총점이 18점 이상이면 "해자 우량 기업"

4단계 : 최종 '압도적 기업 리스트 TOP 3' 선정

위 점수를 바탕으로 장기 투자에 가장 적합한 기업 3개를 뽑아 보세요.

순위	기업명	총점	선정 이유

CHECK POINT!

☐ 내가 선택한 기업들이 가지고 있는 해자에 관하여 설명할 수 있는가?

드디어 진짜 투자자가 되는 시간

네 번째 수업

세금도 전략이다!
똑똑한
절세 기술

▷ 이번 시간
유튜브 영상 보기

펭수야~ 학교 가자! 3

바비큐 파티 직전, 시간을 잠시 되돌려 보자.

명석 쌤과의 수업이 끝난 후, 펭수와 똘비는 거실 소파에 편하게 앉아 있었다. 그때 익숙한 얼굴이 펜션 안으로 들어왔다. 바로 주영 쌤이었다. 주영 쌤은 따뜻하게 미소 지으며 둘에게 인사했다.

"어, 펭수, 똘비. 여기서 또 보네?"

"명석 쌤이 말한 예쁜 선생님이 주영 쌤이었어요?!"

펭수가 짐짓 놀란 척하며 물었다.

주영 쌤은 웃음을 터뜨렸다.

"여행도 여행이지만, 가끔은 느긋한 공간에서 진짜 중요한 이야기를 나눌 수 있잖아. 오늘은 펭수, 똘비처럼 처음 투자를 시작하려는 친구들의 투자 고민을 듣고 해결책을 찾아보려고 해!"

"재밌겠다!"

똘비가 눈을 반짝이며 말했다.

"좋아. 오늘은 여기, 이 펜션 거실이 '펭수와 똘비의 투자 고민 상담소'가 되는 거야."

"상담소요?" 펭수가 눈을 빛냈다. "오늘은 우리가 상담사라는 거죠?"

"맞아. 첫 번째 사연부터 볼까?"

펭수가 첫 번째 고민 편지를 펼쳤다.

“안녕하세요. 저는 고등학생 투자자 ‘나키움’입니다. 주식 투자로 처음 수익을 냈어요! 너무 기뻐서 친구들과 다 써버렸는데…, 이게 맞는 건가요? 앞으로는 수익을 어떻게 관리해야 할까요?”

똘비가 고개를 끄덕였다.

“이건 거의 반성문이에요.”

“맞아, 잠깐 기분 내는 건 좋지만, 수익은 미래 투자를 위한 씨앗이잖아.” 주영 쌤이 덧붙였다.

“한 번쯤은 친구들과 함께 기분 내는 것도 좋고, 나머지는 다음 투자를 위해 따로 모아두는 습관이 중요해.”

펭수가 주먹을 불끈 쥐며 말했다.

“그렇죠. ‘수익의 일부는 다음 수익의 재료로 남긴다.’, 이게 진짜 현명한 투자자의 자세입니다!”

이번엔 똘비가 고민을 읽었다.

“안녕하세요. 저는 스무 살 펭돌이입니다. 이제 막 주식을 시작한 ‘주린이’인데요, 주식에도 세금이 붙는다고 하더라고요. 아무것도 몰라서 그러는데요. 어떤 세금을 내는지, 절세할 방법이 있다면 알려주세요!”

“세금…, 어렵죠.”

펭수가 고개를 끄덕였다.

"주식 하면 세금을 내야 하는 거였어요?"

똘비는 눈을 동그랗게 떴다.

"그럼, 당연하지." 주영 쌤이 손가락을 꼽으며 설명했다. "투자자가 꼭 알아야 할 세금에는 두 가지가 있어.

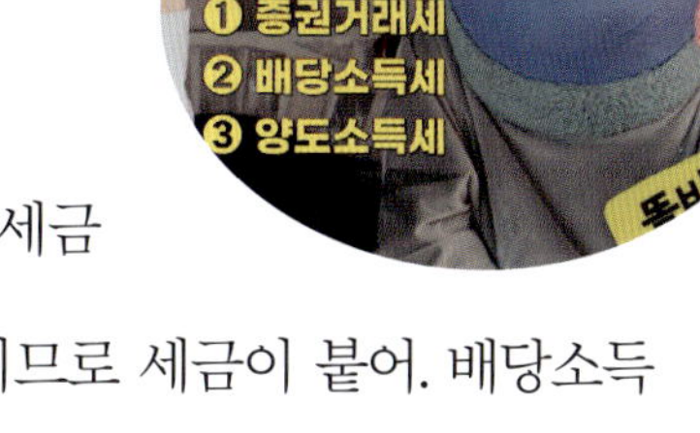

첫째, 증권거래세야. 주식을 팔 때 자동으로 빠져나가는 세금이지. 예를 들어 100만 원어치 주식을 팔면, 998,500원이 입금돼.

둘째, 배당소득세야. '수익이 있는 곳에 세금이 있다.'라는 말, 들어봤지? 배당도 '수익'이므로 세금이 붙어. 배당소득의 15.4%가 자동으로 빠져나가지.

그 외에 양도소득세도 있지만 대주주에게만 해당되는 거라, 펭수나 똘비 같은 일반 소액 투자자는 신경 쓰지 않아도 돼."

"그렇다면 세금을 줄이는 방법은 없나요?"
펭수가 눈을 반짝였다.

"당연히 있지! 바로 ISA 계좌를 이용하면 돼."
주영 쌤이 설명을 이었다. "ISA는 '인디비주얼 세이빙스 어카운트Individual Savings Account', 즉 개인종합자산관리계좌의 줄임말이야. 주식, 펀드, 채권

등 다양한 상품을 하나의 통장으로 관리할 수 있고, 일정 금액까지는 수익에 대한 세금을 면제받을 수 있어. 일반형은 수익 중 200만 원까지 비과세이고, 서민형이나 농어민형은 수익 중 400만 원까지 비과세지. 초과분에는 9.9%의 저율과세가 적용돼. 만 19세 이상이면 누구나 가입할 수 있는데, 만 15~18세라도 직전연도에 근로소득이 있다면 가입 가능해. 투자 수익이 늘수록 효과가 커진단다."

"ISA…! 무조건 만들어야겠네요!"

똘비가 감탄했다.

주영 쌤이 마무리하며 물었다.

"수익이 생겼을 땐 어떻게 해야 하죠?"

"조금은 기쁨을 누리고, 남은 건 재투자와 대비용으로 분리한다!"

똘비가 대답했다.

"세금이 걱정된다면?"

"ISA 통장을 절세 전략으로 활용한다!"

펭수가 이어서 대답했다. 그리고는 씩 웃으며 말했다.

"이제 우리, 돈 굴릴 준비가 된 진짜 투자자 아니겠습니까?"

주영 쌤이 박수를 치며 말했다.

"맞아! 이제 밖으로 나가볼까?"

"드디어!"

펭수와 똘비가 동시에 환호했다.

투자자가 알아야 할 세금

  "와! 주식으로 10만 원 벌었다! 이제 갖고 싶었던 운동화 사야지~"
처음 주식으로 돈을 벌어본 친구들이 흔히 하는 말이에요. 하지만 막상 통장을 확인해 보면 10만 원이 다 들어와 있지 않을 때가 있어요. "어? 내 돈 어디 갔지?" 싶겠지만, 누군가 중간에서 정당하게 떼어간 거예요. 그 주인공은 바로 국가이고, 떼어간 돈의 이름은 세금입니다.

초보 투자자들은 수익률 숫자만 보고 기뻐하다가 세금을 놓치곤 해요. 하지만 진짜 고수는 세금을 다 내고 난 뒤 내 손에 남는 진짜 수익세후 수익을 계산합니다. 세금을 모르면 "분명 돈을 번 것 같은데 남는 게 없네?"라는 슬픈 상황이 생길 수 있거든요.

세금은 왜 내야 하는 걸까?

"내 돈으로 내가 투자해서 내가 번 건데, 왜 나라에 나눠 줘야 하죠?"라고 억울해할 수 있어요. 하지만 우리가 안전하게 주식을 사고팔 수 있는 건 다 나라가 만든 시스템 덕분입니다.

주식 시장이 놀이공원이라면, 세금은 '이용료'와 비슷해요. 나라가 주식 거래를 감독해서 사기꾼을 잡아 주고, 기업이 정보를 속이지 못하게 법을 만들고 지켜 주거든요. 제2권에서 공시 제도에 관해 자세히 배웠었는데요, 만약 기업이 거짓 공시를 한다면 처벌을 받게 됩니다. 213페이지 참고 우리가 기업이 발표한 실적이나 뉴스를 믿고 투자할 수 있는 건, 나라가 눈을 부릅뜨고 감시하는 덕분이에요.

이처럼 우리가 이 안전한 '판'에서 놀 수 있도록 국가가 관리해 주는 비용을 분담하는 셈이죠. 또 월급을 받으면 소득세를 내듯, 투자로 돈을 벌었을 때도 세금을 내는 게 공정하다는 원칙이 있답니다.

한국 주식에 투자할 때 내는 세금 두 가지

우리나라 기업 주식을 사고팔 때 내는 세금은 간단해요. 딱 두 가지만

거짓으로 공시를 하면 어떤 처벌을 받게 될까?

허위 공시는 자본 시장의 신뢰를 훼손하는 중대 범죄로, '자본 시장과 금융투자업에 관한 법률'에 따라 엄격하게 규제된다.

❶ **형사처벌** 10년 이하 징역 또는 부당이득의 2~5배 벌금을 부과한다. 분식회계 규모가 크면 처벌이 가중된다.

❷ **과징금** 금융위원회는 허위 공시에 대해 막대한 과징금을 부과한다. 최근 강화된 제재 방안에 따르면, 고의 분식회계의 경우 과징금이 대폭 상향되며, 위반기간이 장기화될 경우 1년 초과마다 30%씩 가중된다.

❸ **임직원 개인 제재** 고의 분식회계 가담 임직원에 대한 개인 과징금 부과한도가 회사 과징금의 10%에서 20%로 2배 상향되었다. 또한 대표이사 및 담당임원 해임권고, 직무정지 6개월, 검찰 고발 등의 조치가 병행된다.

기억하세요!

증권거래세 팔 때마다 내는 통행료

주식을 팔 때마다 무조건 내야 하는 세금이에요. 내가 이익을 봤든 손해를 봤든 상관없이, 판 금액의 일정 비율을 냅니다. 일종의 '고속도로 톨게이트비'와 비슷하다고 생각하면 돼요.

2025년 기준, 코스피와 코스닥 모두 약 0.15% 정도를 부과하고 있는데요, 만약 100만 원어치 주식을 팔면 1,500원 정도가 세금으로 나가는 거예요. 작은 돈 같지만, 매일매일 주식을 샀다 팔았다 하는 '단타'를 하면 이 톨게이트비가 쌓여서 나중엔 수익보다 세금이 더 많아질 수도 있어요! 참고로, 2025년 세제개편안에 따라 2026년부터는 0.20%로 상향됩니다.

배당소득세 보너스 받을 때 떼는 수수료

기업이 주주들에게 주는 배당금을 받을 때 내는 세금이에요. 세율은 15.4%입니다.

여러분이 10,000원의 배당금을 받게 되면, 나라에서 1,540원을 먼저 떼고 여러분 통장엔 8,460원만 넣어줘요. 이걸 '원천징수'라고 합니다.

여기서 한 가지, 한국 주식의 최고 장점을 알려 드릴게요. 여러분이 대주주엄청난 부자가 아닌 일반 투자자라면, 주식을 팔아서 번 시세 차익에 대해서는 세금을 단 한 푼도 내지 않아요! 1천만 원에 산 주식이 2천만 원이 되어 1천만 원을 벌었어도, 증권거래세 30,000원을 제외하고 1,997만 원을 다 가질 수 있다는 건 엄청난 혜택이죠. (2025년 기준 계산이며, 2026년부터는 세율 인상으로 40,000원이 차감돼요.) 이는 해외 주식과 비교하면 정말 큰 장점이에요!

해외 주식에 투자할 때 내는 세금 두 가지

해외 주식은 세금이 조금 더 까다로워요.

양도소득세 번 돈에서 일정 비율을 세금으로

해외 주식은 팔아서 수익이 나면 세금을 내야 해요. 세율은 22%입니다. 하지만 국가에서 "1년에 250만 원까지 번 건 세금을 면제해 줄게!"라는 혜택을 줍니다. 예를 들어, 1년 동안 미국 주식으로 딱 250만 원을 벌었다면 세금은 0원이에요. 하지만 300만 원을 벌었다면, 250만 원을 뺀 나머지 50만 원의 22%인 11만 원을 세금으로 내야 합니다.

해외 주식 배당세 해당 국가에서 원천징수

미국 주식의 경우 배딩금은 미국에서 먼저 세금 15%를 떼고 줍니다. 한국 배당세율14%보다 미국에서 떼는 게 더 많기 때문에 한국에서 따로 또 낼 필요는 거의 없어요.

초보 투자자를 위한 현명한 절세 전략

❝ 앞서 배운 배당소득세나 해외 주식 세금, 생각보다 꽤 많죠? 열심히 번 돈인데 세금으로 빠지면 너무 아깝잖아요. 그래서 나라에서 국민들이 재산을 더 빨리 불릴 수 있도록 특별한 세금 방패를 하나 만들어 줬어요. 이 방패 뒤에서 투자를 하면 세금을 안 내거나, 아주 조금만 내도 돼요. 바로 ISA입니다.

ISA는 '개인종합자산관리계좌'의 줄임말이에요. 여러분의 주식, 펀드, 예금 통장을 하나로 합칠 수 있는 계좌라고 생각하면 됩니다. 이 계좌 안에 다양한 금융 상품을 담아 한 번에 관리할 수 있어요.

ISA 가 진짜 마법인 이유는 바로 세금 혜택 때문입니다.

"200만 원까지는 세금 0원!" 비과세

ISA 계좌에서 이자와 배당으로 번 돈은 연 200만 원일반형 기준까지 세금이 0원입니다. 만약 일반 계좌였다면 200만 원 수익에 대해 15.4%인 30만 8천 원을 세금으로 내야 했겠지만, ISA에서는 이 돈을 그대로 수익으로 가질 수 있어요!

혹시 투자를 너무 잘해서 200만 원을 넘게 벌었다고요? 200만 원 이상의 수익에 대해서도 일반 세율15.4%보다 훨씬 저렴한 9.9%만 세금으로 떼어갑니다. 이렇게 세금 할인까지 해주니, ISA는 그야말로 수익률을 높이는 가장 쉬운 방법인 셈이죠.

ISA는 원칙적으로 만 19세 이상 성인만 가입할 수 있어요.

하지만 희망적인 소식이 있습니다. 만 15~18세라도, 아르바이트 등으로 근로소득이 있다는 것을 증명하면 ISA 계좌를 만들 수 있으니까요!

앞으로 아르바이트를 하거나 곧 성인이 된다면, 가장 먼저 ISA 계좌부터 만들기를 추천합니다.

세금을 알면 돈을 더 잘 지킬 수 있다

투자를 할 때는 단순히 "몇 퍼센트 올랐나?"만 보지 말고, "세금 떼고 내 손에 진짜 얼마가 남나?"를 따지는 습관을 들이세요. 세금은 피할 수 없지만, 잘 알면 합법적으로 줄일 수 있는 방법이 많거든요. 진정한 투자 고수는 수익률과 세금을 동시에 챙기는 사람입니다.

이를 위해 기억해 두면 좋은 세 가지 원칙을 정리해 볼게요.

첫째, 한국 주식은 오래 보유하는 것이 좋아요. 주식을 팔아서 이득을 봐도 세금이 없으니까, 좋은 주식을 오래 보유해서 큰 수익을 내는 '장기 투자'가 유리해요.

둘째, 해외 주식은 끊어서 매도하세요. 1년에 수익 250만 원까지는 세금이 면제라고 했죠? 수익이 너무 많이 났다면 한꺼번에 다 팔지 말고, 매년 250만 원씩 나눠서 팔면 세금을 아낄 수 있어요.

셋째, 세금 방패 ISA 계좌를 활용하세요. ISA라는 주머니를 만들어 투자하면, 200~400만 원까지 번 돈에 대해 세금을 아예 안 내도 되는 엄청난 혜택이 있으니까요.

수익이 나면 왜 세금을 내야 하죠?

똘비는 처음으로 미국 주식 투자에 성공해서 500만 원 수익을 냈어요. 그런데 누군가가 말합니다. "이거 세금으로 55만 원 내야 해. 250만 원이 넘었잖아."

똘비는 깜짝 놀라서 외쳤어요. "내가 투자해서 벌었는데 왜 나라에 돈을 내야 해요?"

상황 A	상황 B
투자 수익 500만 원 → 세금 0원	**투자 수익 500만 원 → 세금 75만 원**
✔ 모두 자유롭게 투자함	✔ 세금은 투자 수익에 비례하여 부과
✔ 수익의 한도가 없음	✔ 세금 일부는 소득이 없는 사람의 의료비·기초생활 보조에 사용됨
✔ 손실의 한도가 없음	✔ 주식 시장 인프라(거래소·감시 시스템·법적 보호)를 유지하는 데 사용됨
✔ 정부는 개입하지 않으며, 투자자 보호 장치가 없음	

두 가지 상황에 대해 똘비는 여러 상상을 해보았어요. 그리고 다음과 같은 질문을 스스로 던졌습니다. 여러분의 생각은 어떤가요?

- 세금을 내지 않고도 시장이 유지될 수 있을까?
- 이익이 났을 때만 세금을 내는 건 공정한가?

활동지 작성 TIP 이 사고실험은 개인의 이익도 사회적 시스템 덕분에 발생하며, 세금을 통해 투자 기회와 안전망을 동시에 지킬 수 있음을 깨닫는 데 목적이 있습니다. 세금은 잘 번 사람에게 부과되는 벌금이 아니라, 나와 모두의 투자 환경을 유지하는 책임이라는 것에 초점을 맞춰 보세요!

펭수의 투자 세금 정리 노트

"투자는 벌기보다 '지키는 게' 더 중요하다구!
세금을 알면, 내가 진짜로 받는 돈이 얼마인지 정확하게 계산할 수 있어!"

1단계 : 국내 vs 해외 주식 세금 기본 구조 비교하기

빈칸을 채우며 각각의 세금을 직접 정리해 보세요.

기준	국내 주식	해외 주식
증권거래세 (주식 사고팔 때 내는 세금)	매도 시 부과 : _______ %	국가별 없음 (한국 거래세 X)
양도소득세 (차익에 대한 세금)	상장주식 일반투자자 : 사실상 없음 (단, 대주주만 있음)	수익 발생 시 약 _______ % (양도차익 – 기본공제 적용)
배당소득세 (배당 받을 때)	배당금의 15.4% 원천징수	배당금의 15% 원천징수 후 → 한국에서 추가세율 적용 (합산과세 15~27.5%)
환율 추가 여부	없음	있음
추가 비용	증권사 수수료	해외 거래 수수료 + 환전 수수료

☞ 빈칸 답 : 국내 주식 0.15%, 해외 주식 22%

2단계 : 내 투자 스타일에 맞는 세금 전략 세우기

1 앞으로 배당 투자를 할 때 세금을 어떻게 관리할까?

☐ ISA 계좌 사용   ☐ 고배당 ETF 활용   ☐ 장기 보유

☐ 기타 ____

 해외 투자 시 가장 주의해야 할 점은?

  ☐ 환율   ☐ 세금   ☐ 수수료

● 그렇게 생각하는 이유 ____

3단계 : "세금 때문에 놓치기 쉬운 함정" 체크하기

함정 1 해외 주식은 수익이 나도, 환율이 떨어지면 손해가 날 수 있음 ☐

함정 2 해외 배당은 미국에서 15% 떼고, 한국에서 추가로 낼 수도 있음 ☐

함정 3 국내 상장주식은 대부분 양도세가 없지만, '대주주' 기준에 걸리면 과세됨 ☐

함정 4 짧은 단기 매매를 반복하면 수수료 + 거래세로 실제 수익이 줄어듦 ☐

4단계 : 나의 투자 전략 작성하기

아래 문장을 완성해 보세요.

"나는 국내/해외 투자에서 (________________)이/가
가장 큰 세금 포인트라고 생각하며,
앞으로는 (________________) 전략을 사용해
실수 없이 투자 수익을 지키겠다."

CHECK POINT!

☐ 국내 주식과 해외 주식에 각각 어떤 세금이 적용되며, 서로 어떻게 다른지 설명할 수 있는가?

우리가
투자를 하는
이유

- 행복과 투자의 관계
- 투자의 진정한 이유
- 투자 대가들이 말하는 투자의 목적

▷ 이번 시간
유튜브 영상 보기

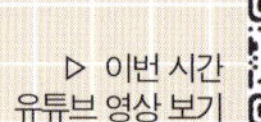

펭수야~ 학교 가자! 3

바비큐 파티가 끝나고, 넷은 정원에 다시 모였다.

명석 쌤이 먼저 입을 열었다.

"진짜 마지막 수업이에요. 오늘 얘기할 주제가 있습니다. 바로 행복에 대해서예요."

주영 쌤이 부드럽게 물었다.

"행복하세요?"

"당연하죠."

펭수가 대답했다.

"미어지게 행복해요." 똘비도 고개를 끄덕였다. "그런데… 행복이 뭐라고 생각하세요?"

그 말에 잠시 숙연한 분위기가 감돌았다.

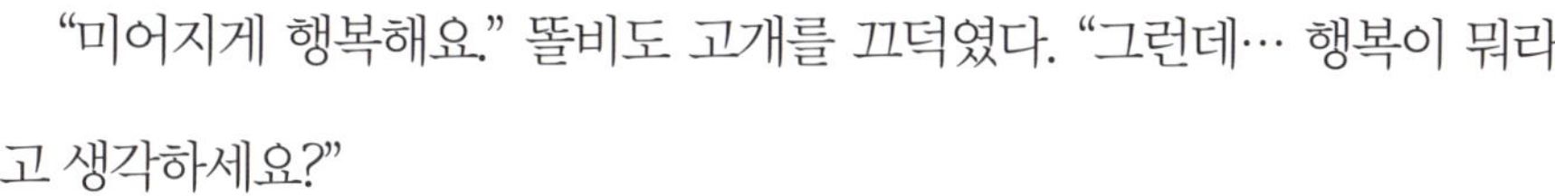

"그 얘기를 좀 더 같이 나눠 보도록 하죠." 명석 쌤이 카드를 꺼내며 말했다. "밸런스 게임을 준비했어요. '행복 찾기 밸런스 게임'! 첫 번째 질문. 개미와 베짱이, 내가 추구하는 삶의 모습은?"

"개미처럼 살래요, 베짱이처럼 살래요?"

펭수의 질문에 똘비가 잠시 생각하더니 대답했다. "베짱이 같은 개미의 삶이요. 베짱이처럼 살면서 개미처럼 벌자!"

“아, 돈 많은 백수요?”

펭수가 눈을 반짝였다.

“투자를 배우는 이유가 돈 많은 백수가 되기 위해서 아닙니까.”

명석 쌤이 웃으며 말했다.

“맞습니다. 배당금도 받고!” 똘비가 맞장구쳤다. “열심히 ‘개미’로 일해서 ‘베짱이’가 되시기를.”

“두 번째 질문. 둘 중 나와 더 잘 맞는 친구는? ― 척하면 척! 내 마음을 알아주는 오래된 친구. 아니면, 만나기만 하면 웃음이 나오는 재미있는 친구.”

“아, 저는 재미있는 친구요!” 펭수가 단호하게 말했다. “마음을 아는 건 쉽지 않습니다. 그리고 마음을 알아도 위로해 주기는 어렵잖아요.”

“완전 T네.”

명석 쌤이 피식 웃었다.

“계속 옆에서 웃겨줄 수 있는 친구만 있으면 돼~.”

“바로 펭수가 그런 친구 아니야?”

명석 쌤이 펭수를 가리켰다. 펭수와 똘비가 서로를 바라보며 꺄르르 웃음을 터뜨렸다.

"세 번째 질문. 요술 램프를 발견했다면, 빌고 싶은 소원 한 가지만!"

"저는 이 소원 빌겠습니다." 펭수가 손을 번쩍 들었다. "'두 개만 더!'"

"뻥튀기되어 커지는 거, 그거 복리잖아! 복리!"

주영 쌤이 웃음을 터뜨렸다.

"저는 무한 카드가 있으면 좋겠어요."

뚤비도 장난스럽게 덧붙였다.

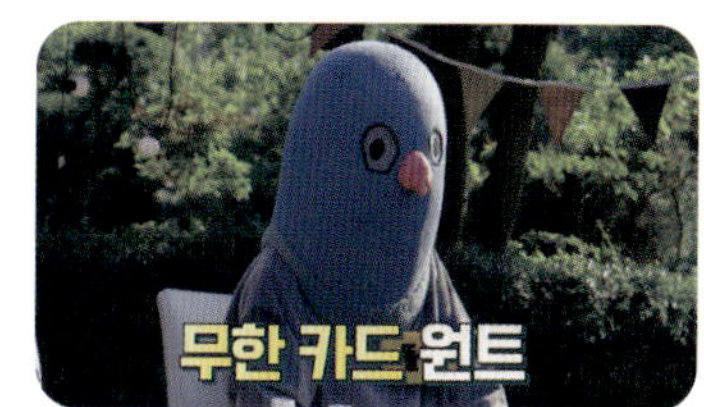

명석 쌤이 분위기를 차분하게 바꾸며 물었다.

"행복에 대한 각자의 생각을 한번 얘기해 볼까?"

"아, 이건 철학적인 질문이네요."

펭수가 턱을 괴었다.

뚤비가 조심스럽게 입을 열었다.

"제가… 친구가 사실 없거든요."

"그럼 난 뭐야?"

펭수가 발끈했다.

"그러니까 없었는데…" 뚤비가 말을 이었다.

"이렇게 함께하는 게 행복이지 않을까요?"

주영 쌤과 명석 쌤이 따뜻한 눈빛으로 두 친구를 바라봤다.

"그래서 행복은 멀리 있는 게 아니에요." 명석 쌤이 부드럽게 말했다. "저희 선생님들은 펭수와 똘비가 행복을 찾아서 앞으로도 잘 살았으면 좋겠어요. 응원할게요."

"약간 눈물 나요…"

똘비가 코를 훌쩍였다.

그때 펭수가 손을 번쩍 들고 말했다.

"이제는 말할 수 있다! 2분 30초 전에 방귀 꼈습니다."

펭수의 갑작스러운 고백에 눈물이 나오다가 쏙 들어간 똘비가 코를 틀어쥐었다.

"어쩐지…"

"아, 비료 냄새인 줄 알았지."

주영 쌤이 손사래를 쳤다.

넷 모두 웃음이 터져 나왔다. 눈물과 웃음이 뒤섞인 마지막 수업. 행복이란 결국, 이렇게 함께 웃고 울 수 있는 순간들이 아닐까.

행복이라는 목표에서 다시 시작하기

66 지금까지 우리는 긴 여정을 함께 걸어왔어요. 장기 투자와 가치 투자의 원칙을 배웠고, 복리의 힘을 이해했습니다. 산업을 분석하는 눈을 길렀고, 좋은 기업이 가진 경쟁력과 해자의 개념을 익혔어요. 비즈니스 모델을 파악하는 방법과 세금까지 꼼꼼히 살펴보았습니다.

그런데 이 모든 것을 배우고 나서, 한 가지 근본적인 질문을 던져 볼 필요가 있어요.

"우리는 왜 투자를 하는가?"

주식 그래프를 읽는 능력이나 기업 재무제표를 분석하는 능력은 분명 중요합니다. 이런 기술만으로는 왜 이 길을 걸어야 하는지 설명하기 어려워요. 단순히 돈을 불리기 위해서일까요? 부자가 되기 위해서일까요?

투자의 본질은 결국 삶의 질을 높이고, 더 나은 선택을 할 수 있는 자유를 갖는 것이에요. 바로 행복을 추구하는 과정인 거죠.

생각보다 많은 투자자들이 돈의 액수보다 돈이 가져다주는 시간, 마음의 평온, 선택의 자유를 더 중요하게 여겼어요. 그들의 말에는 복잡해 보이던 경제 활동이 결국 '더 나은 삶'으로 귀결된다는 깊은 통찰이 담겨 있습니다.

워런 버핏 : 돈은 시간을 사기 위한 수단이다

이제 우리에겐 너무 익숙한 그 이름! 워런 버핏은 역사상 가장 뛰어난 투자자로 손꼽혀요. 하지만 그가 강조하는 핵심은 부자가 되는 방법이 아닙니다. 그는 종종 이런 질문을 던졌죠.

"당신이 정말 원하는 삶은 무엇인가?"

"시간을 누구와, 어떻게, 무엇에 쓰고 싶은가?"

버핏이 말하는 부富는 호화로운 소비나 화려한 생활을 위한 것이 아니에요. 그가 말하는 부란, 자신이 선택한 길을 걸을 수 있는 자유를 의미합니다.

버핏은 이렇게 말했어요.

"만약 당신이 깨어 있는 대부분의 시간을 원하지 않는 사람들과, 원하지 않는 일을 하며 보낸다면, 아무리 은행 잔고가 많아도 부자가 아니다."

이 말은 많은 것을 생각하게 해요. 통장에 찍혀 있는 숫자가 아무리 커도, 매일 아침 하기 싫은 일을 억지로 하러 나가야 한다면 그것이 과연 성공한 삶일까요? 반대로 통장 잔고는 평범하더라도, 좋아하는 일을 하고 사랑하는 사람들과 시간을 보낼 수 있다면 그것이 더 풍요로운 삶이겠죠.

투자의 목적은 결국 시간을 되찾는 것이에요. 자신의 삶을 선택하고, 주체적으로 설계할 수 있는 힘을 갖는 것입니다. 돈은 그 자체가 목적이 아니라, 자유를 얻기 위한 도구예요.

찰리 멍거 : 현명한 선택이 현명한 삶을 만든다

워런 버핏의 평생 파트너였던 찰리 멍거 Charles Thomas Munger, 1924~2023는 투자를 "삶의 의사결정 훈련"이라고 정의했어요.

투자는 미래를 정확히 예측하는 기술이 아닙니다. 한정된 자원을 어디에 집중할 것인가를 결정하는 과정이에요. 시간, 노력, 관심, 돈이라는 우리가 가진 모든 자원은 한정되어 있습니다. 이것을 어디에 배분하느냐가 결국 우리 삶의 모습을 결정해요.

멍거는 이런 말을 남겼습니다.

"삶에서 진정 중요한 것은 올바른 것들에 오래 머무르는 능력이다."

이 말은 투자에도 그대로 적용돼요. 좋은 기업을 찾아서 오래 보유하는 것, 단기적인 유혹에 흔들리지 않는 것, 본질적인 가치에 집중하는 것. 이 모든 것이 결국 좋은 선택을 배우는 과정입니다.

투자는 숫자를 다루는 일이지만, 그 본질은 "어떻게 살 것인가"라는 철학적 질문과 맞닿아 있어요. 투자를 통해 우리는 선택의 기술을 배우고, 그 기술은 삶의 모든 영역에 적용됩니다.

존 보글 : 빠른 길이 아니라 올바른 길을 가라

인덱스 펀드의 창시자이자 세계 2위 자산운용사인 뱅가드 그룹의 창업자, 존 보글John C. Bogle, 1929~2019은 평생 동안 투자에서 성실함과 절제를 강조했어요.

"시장은 변덕스럽지만, 당신의 절제와 규칙은 변하지 않아야 한다."

보글은 단기 수익의 유혹보다 장기적 원칙을 지키는 것이 삶에서도 가장 중요하다고 보았습니다.

투자는 한탕을 노리는 모험이 아니라, 삶을 안정적으로 쌓아올리는 과정이에요. 매일 뉴스를 보며 조급해하고, 주가가 오르면 흥분하고 내리면 불안해하는 것은 투자가 아니라 도박에 가까워요. 진정한 투자는 원칙을 세우고, 그 원칙을 묵묵히 지켜 나가는 것입니다. 마치 매일 조금씩 운동을 해서 건강을 쌓듯, 매일 저축하고 투자해서 미래를 준비하는 거예요.

투자를 통해 불안에서 벗어나고, 미래를 준비하고, 가족과 자신을 지키는 힘을 키우는 일. 이것이 보글이 말하는 올바른 투자입니다.

하워드 막스 : 행복은 올바른 기대에서 온다

오크트리 캐피탈 매니지먼트의 공동 창업자이자 '투자의 귀재'라 불리는 하워드 막스Howard Stanley Marks, 1946~는 투자에서 가장 위험한 것이 잘못된 기대라고 말해요.

"기대가 현실보다 크면 불행하고, 기대가 현실보다 작으면 행복하다."

같은 투자 수익을 얻어도 어떤 사람은 만족하고, 어떤 사람은 불만족합니다. 그 차이는 수익의 크기가 아니라 기대의 크기에 달려 있어요. 연 10% 수익을 기대했는데 8%를 얻으면 실망하고, 5%를 기대했는데 8%를 얻으면 기뻐합니다. 결과는 같은데 감정은 정반대예요.

투자 수익 자체가 행복을 만드는 것이 아닙니다. 투자를 대하는 태도, 기대, 관점이 행복을 결정하는 것이죠. 이것은 투자뿐 아니라 삶 전체에 적용되는 원리입니다.

결국 투자는 자신의 욕망을 조절하고, 긴 안목을 유지하고, 현실을 있는 그대로 받아들이는 일종의 훈련이에요. 이 훈련을 통해 우리는 더 평온한 마음으로 살아갈 수 있게 됩니다.

투자라는 여행의 목적지는 어디일까?

돈은 도구이고, 주식은 수단이며, 투자는 여행이에요.

그 여행의 목적지는 결코 돈 그 자체가 아닙니다. 우리가 진정으로 원하는 것은 무엇일까요?

삶을 스스로 통제할 수 있는 힘이에요. 시간을 주도적으로 사용할 수 있는 자유입니다. 중요한 사람들과 보내는 평온한 순간들이에요. 미래에 대한 불안에서 벗어난 마음의 안정입니다.

즉, 투자의 마지막 목적지는 행복이라는 매우 단순하고 인간적인 가치예요.

이것이 워런 버핏과 수많은 투자자들이 평생의 경험을 통해 반복해서 강조한 메시지입니다. 그들은 누구보다 돈을 많이 벌었지만, 누구보다 돈의 한계를 잘 알고 있었어요. 돈으로 행복을 살 수 없지만, 행복해질 수 있는 조건을 만드는 데는 도움이 됩니다.

우리가 경제를 배우고, 기업을 분석하며, 투자를 공부하는 이유도 결국은 더 나은 삶을 위해서예요. 주가 그래프의 오르내림에 일희일비하지 않고, 긴 호흡으로 자신의 미래를 준비하며, 그 과정에서 삶의 지혜를 배워가는 것. 이것이 투자의 진정한 의미입니다.

여러분이 이제까지 펭수, 똘비와 함께 배운 모든 지식이 결국 여러분의 행복한 삶을 위한 도구가 되기를 바랍니다.

투자는 끝이 있는 게임이 아닙니다. 평생에 걸친 여정이죠.

그리고 그 여정의 진정한 보상은 통장 잔고의 숫자가 아니라, 여러분이 원하는 삶을 살 수 있는 자유입니다.

돈이 많으면 행복할까?

당신은 지금부터 투자로 시간과 자유를 벌어들이는 인생 설계자가 됩니다. 단, 당신이 가진 자원은 하루 24시간과 100포인트의 투자 에너지뿐! 그 자원을 어디에, 얼마나, 어떻게 쓸지는 당신의 선택입니다. 다음 중 **1 당신이 가장 중요하게 생각하는 가치 세 가지**를 골라 보고, 아래 **2 각 투자 항목에 100포인트를 나눠서 투자**하세요.

□ 안정적인 수입 □ 좋아하는 일 □ 충분한 휴식

□ 가족과의 시간 □ 배우고 성장하는 느낌 □ 사회적 인정

□ 자유로운 시간 □ 몸과 마음의 건강

수익형 투자 최대 수익을 위한 집중 투자, 고위험 고수익

투자 포인트 _____pt

시간형 투자 일을 줄이고 시간 확보, 수익은 줄어도 여유로움

투자 포인트 _____pt

성장형 투자 독서, 공부, 취미, 경험 등에 투자

투자 포인트 _____pt

관계형 투자 가족, 친구, 공동체, 사회적 가치 등에 시간 투자

투자 포인트 _____pt

포인트를 가장 많이 투자한 항목은 무엇이었나요? 왜인가요?

활동지 작성 TIP 이 사고실험은 돈이 아니라 삶을 중심에 두고, 내가 진짜 중요하게 여기는 가치가 무엇인지 돌아보는 시간이에요. 선택과 배분 과정을 통해 행복의 방향과 투자 기준을 스스로 발견해 보세요.

나만의 투자 목적 찾기

"진짜 부자는 돈이 많은 사람이 아니라, 하고 싶은 일을 할 자유가 있는 사람이래!
자유를 누리는 진짜 부자가 되기 위해서는, 내 마음을 들여다보는 시간을 가져야 해."

1단계 : "행복"을 기준으로 나의 투자 이유 적어 보기

아래 문장을 완성해 보세요.

"나는 투자를 통해 결과적으로 (_________________)을/를 얻고 싶다."

☞ 예: 시간의 여유, 불안에서 벗어남, 가족의 안정, 원하는 일 하기 등

2단계 : 투자 대가들의 철학에서 나와 닮은 문장 고르기

아래 4명의 문장 중, 나의 생각과 가장 가까운 것을 하나 선택하세요.

① 워런 버핏 **"돈은 시간을 사는 도구다."**

② 찰리 멍거 **"삶은 올바른 것에 오래 머무르는 연습이다."**

③ 존 보글 **"빠른 길이 아니라 올바른 길을 가라."**

④ 하워드 막스 **"삶은 올바른 것에 오래 머무르는 연습이다."**

➡ 내가 고른 문장 _______________________________________

● 이유 _______________________________________

3단계 : '투자 = 삶의 선택 훈련'이라는 말의 의미 해석하기

아래 질문에 짧게 답해 보세요.

질문 1 투자가 내 삶에서 어떤 선택을 더 잘하게 도와줄까?

⇨ ____

질문 2 내가 투자에서 지키고 싶은 원칙 두 가지는?

⇨ ____

⇨ ____

4단계 : 돈의 크기가 아니라 "시간의 자유"로 계산해 보기

질문 1 지금 나 자신 혹은 내 가족이 돈 때문에 자유롭게 쓰지 못하는 시간은 언제인가?

⇨ ____

질문 2 그 시간을 자유롭게 쓸 수 있다면 무엇을 하고 싶은가?

⇨ ____

질문 3 나에게 돈은 '많고 적음'의 문제가 아니라 (   )의 문제다.

⇨ ____

☞ 예: 선택의 자유, 나만의 시간, 마음의 여유, 하고 싶은 일을 할 수 있는 힘 등

5단계 : 나의 투자 전략 작성하기

이제 스스로의 행복 기준을 바탕으로 나만의 투자 목적 선언문을 완성해 보세요.

   "나는 투자를 통해 (________________________________)

      삶을 이루고자 한다. 이를 위해 성급함 대신 원칙을,

      두려움 대신 장기적 안목을 선택하겠다."

투자 골든벨을 울려라!
똘비 & 펭수의 마지막 수업

마지막 수업 보러가기

"이제는 말할 수 있다!"

명석 쌤이 의미심장하게 말했다.

"저도 한마디 더 할게요. 수업이 남았습니다."

주영 쌤이 신나게 외쳤다. "바로 투자 골든벨!"

두 선생님만 잔뜩 신이 난 상황이었다. 펭수와

똘비는 멍한 표정을 지었다.

"문제를 주면 이번에는 ○, X로 답을 해주면 됩니다."

명석 쌤이 설명하자, 옆에서 주영 쌤이 재빨리 덧붙였다.

"우승 상금은 투자 지원금 5천만 원!"

"우리가 뭐 초등학생인 줄 아십니까."

펭수가 시큰둥하게 말했다.

"5천만 원을 초등학생한테는 안 주죠."

주영 쌤이 웃으며 말하자, 펭수의 눈이

반짝였다.

"진짜요?"

"마지막까지 거짓말하겠습니까?"

명석 쌤의 말에 펭수가 쌤을 쳐다보며 진지한 말투로 물었다.

"엄주성 사장님 이름으로요?"

(중학교 졸업식에서 만났던 바로 그 사장

님이 맞다!)

"어… 어, 엄주성의 이름을 걸고."

"그렇다면 좋아, 가자! 골든벨!"

첫 번째 문제.

"기업의 상태나 경영 성과를 보여주는 문서, 기업의 성적표인 "재무제

표"의 맞춤법으로 올바른 것은?"

"이건 국어잖아요."

펭수가 투덜거렸다.

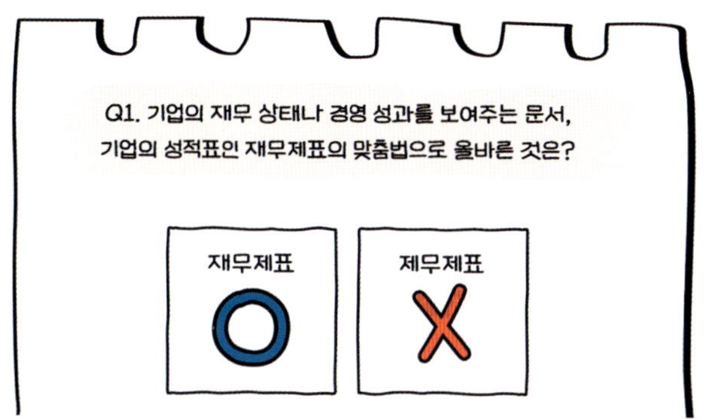

펭수와 똘비가 동시에 ○를 들었다.

"맞습니다!"

"무슨 이런 문제를 내세요."

똘비가 자존심이 상한 듯한 표정을 지었다.

두 번째 문제.

"어떤 기회를 선택하면 주어진 다른 기회를 포기할 수밖에 없는데, 선택을 했을 때 포기한 기회 중 가장 큰 가치를 갖는 것을 '가치 창출'이라고 한다. ○일까요, ✕일까요?"

"명석 쌤, 제가 2천 드릴게요. 골든벨을 포기하시죠." 펭수가 속삭이자, 똘비도 끼어들었다. "저는 3천 드릴게요."

그러나 쌤은 아랑곳하지 않고 숫자를 외쳤다.

"하나, 둘, 셋!"

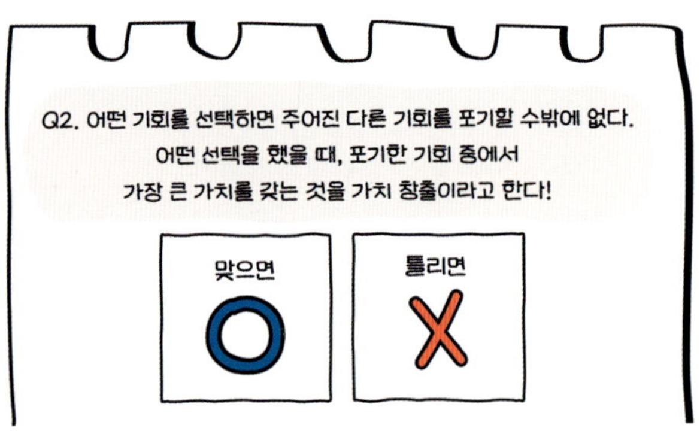

두 새의 선택은 똑같이 X!

"정답! 내가 설명한 게 기회비용이란 걸 알고 X를 든 거 맞지?"

"당연하죠!"

펭수가 자신 있게 대답했다.

세 번째 문제.

"물건이나 서비스를 팔아서 번 돈을 매출이라고 하죠. 매출에서 순이익을 계산하고 싶다면 매출에서 비용을 빼면 된다. O일까요, X일까요?"

"너무 쉽네."

똘비가 중얼거렸다.

이번에도 둘 다 같은 선택! O를 들었다.

"정답입니다!"

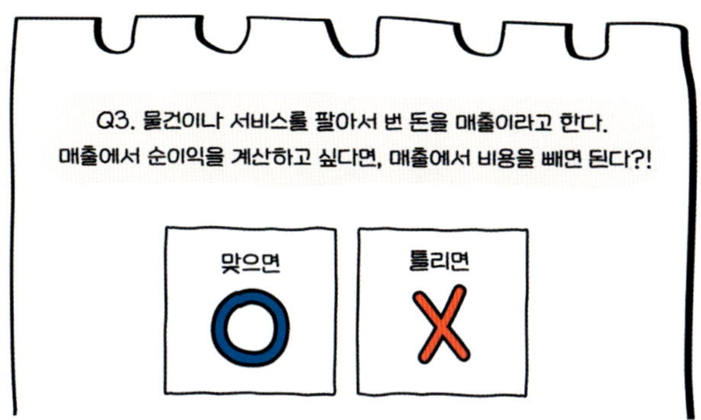

네 번째 문제.

"증권사는 불법적인 거래를 감시하고 투자자들이 안전하게 주식을 사고팔 수 있도록 관리해 주는 역할을 한다. ○일까요, ✕일까요?"

"하나, 둘, 셋!"

펭수가 ✕를 들며 말했다.

"거래소죠!"

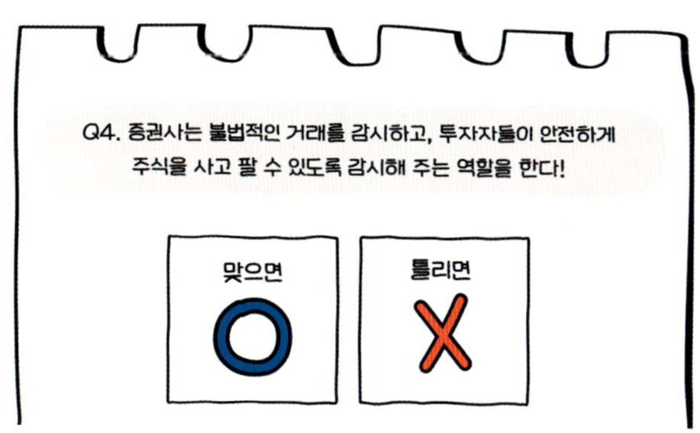

"정답! 둘이 동점이야! 어쩔 수 없군. 주관식으로 갑시다. 3개를 먼저 맞추는 새가 이기는 걸로 하겠습니다."

명석 쌤이 첫 번째 문제를 냈다.

"소비자가 어떤 특정 상품이나 서비스를 이용하고 나면, 나중에 이와 비슷한 다른 상품이나 서비스가 나와도 변경하지 않는 것을 일컫는 경제 용어는 무엇일까요?"

"저요, 똘비! 락인 효과!"

똘비가 먼저 외쳤다.

"정답!"

"아이폰을 쓰는 사람들은 아이폰을 쓸 수밖에 없다~."

똘비가 의기양양하게 설명했다.

"역시 똘비는 똘똘한 비둘기라니까!"

주영 쌤이 엄지를 치켜세웠다.

"똘똘할 똘에 아닐 비! 안 똘똘한 비둘기야!"

펭수가 볼멘소리를 했다.

이번에는 주영 쌤이 두 번째 문제를 냈다.

"하나의 계좌에서 국내 주식, 채권, 펀드 등 여러 금융 상품을 담아 관리할 수 있는 계좌가 있죠. 이게 뭘까요?"

"ISA입니다!"

펭수가 재빨리 외쳤다.

"정답~!"

"아, 나도 알았는데."

뚱비가 아쉬워했다.

명석 쌤이 세 번째 문제를 시작했다.

"워런 버핏 선생님의 포트폴리오 중에 가장 큰 비중을 차지…."

"애플~!"

펭수가 문제가 끝나기도 전에 외쳤다.

"정답!"

이렇게 역전에 성공한 펭수!

드디어 마지막 문제! 주영 쌤이 말했다.

"이번 건 좀 어려워. 가치 투자와 장기 투자를 배웠잖아? 그 중 가치 투자의 장점은 뭘까?"

“똘비야, 이거 예능으로 가, 다큐로 가?”

펭수가 물었다.

“저는 지금 완전히 다큐 모드예요.”

똘비가 대답하자, 펭수는 진지하게 설명하기 시작했다.

“미래 가치를 보고 투자하게 되면 주가가 낮을 때 매수하는 것이기 때문에 안전 마진이 보장됩니다. 흔들림도 줄어들고요. 그리고 복리 효과를 누릴 수 있겠죠.”

“정답!”

“똘비, 패배했습니다.”

명석 쌤이 선언했다.

똘비의 실망한 모습을 본 펭수가 미안하다는 듯, 어깨를 으쓱했다.

“네가 다큐로 하라고 했잖아.”

“이 정도로 진지하게 할 줄은 몰랐죠….”

똘비는 잔뜩 풀이 죽은 표정이었다.

“이렇게 펭수가 승리했습니다!” 명석 쌤이 외쳤다. “5천만 원과 골드바, 들어옵니다!”

주영 쌤이 들고 온 상자를 펭수에게 건네자, 펭수는 환호하며 하늘을 향해 소리쳤다.

"엄마 아빠 보고 있어?"

다 함께 "하나, 둘, 셋!"을 외치고, 펭수가 상자를 연 순간―.

"엥?"

펭수의 표정이 멍해졌다.

명석 쌤이 지폐로 만든 케이크 장식 토퍼를 들어올리며 말했다.

"마음만은 5천만 원이야."

"무슨 좋은 냄새가 나는데~." 똘비가 상자 안을 들여다봤다. "골드바가 아니라 비누잖아요!"

● ● ●

"자, 이렇게 고등학교 과정까지 다 마쳤습니다." 명석 쌤이 분위기를 전환했다. "이제 졸업식을 진행하겠습니다."

"졸업을 해 버렸네요….."

펭수가 중얼거렸다.

"마지막 졸업식인 만큼 정말 엄숙하게 하자."

"똘비 운다, 운다~."

명석 쌤이 졸업장을 펼쳐 읽었다.

"성명, 펭수. 위 펭귄은 키움 고등학교의 금융 교육 과정을 열과 성의를 다해 착실히 수행하였으므로 이 졸업장을 수여합니다. 키움 고등학교장 엄주성. 축하합니다."

주영 쌤이 똘비에게도 졸업장을 건넸다.

"위 비둘기는 키움 고등학교의 금융 교육 과정을 열과 성을 다해 착실히 수행하였으므로 이 졸업장을 수여합니다. —소감을 들어봐야죠!"

펭수가 졸업장을 들어 보이며 말했다.

"학교에서 배운 것들로 부자 될게요!"

똘비는 눈물을 글썽이며 말했다.

"가르쳐 주신 모든 선생님들, 정말 고마운 마음으로 살겠습니다. 그리고…, 성공해서 저도 부자 되겠습니다."

펭수가 덧붙였다.

"마지막으로 사랑하는, 존경하는 엄주성 사장님께서 약속하셨던 3개의 배지를 모으면 선물이 나간다고 하셨죠?"

그 순간, PD가 소고기 세트를 들고 나타났다.

"와!!!"

펭수와 똘비가 동시에 환호하는데, PD가 말했다.

"그런데 금융 수능 시험이 얼마 안 남았거든요. 펭수랑 똘비도 얼른 접수해야 될 것 같아요."

"아니, 그럴 필요 없어요!"

펭수가 손사래를 쳤다.

"안 사요, 안 사!"

똘비도 고개를 젓더니, 둘은 뒤도 돌아보지 않고 줄행랑치듯 떠났다. 그 둘의 뒤편에서 웃음이 터져 나왔다.

이로써 키움 초등학교부터 고등학교까지, 펭수&똘비가 함께해 온 모든 과정이 끝났다. 펭수와 똘비는 이제 진짜 투자자로서 새로운 출발선에 서게 되었다.

졸업은 끝이 아닌, 새로운 시작임을 기억하며, 펭—하!

펭수&똘비, '실전 투자'까지 마스터하고 이제 진짜 투자자가 되다!

내용 감수 **김윤경**

플랫폼 운영 기획 전문가. 25년간 야놀자, 우아한형제들, 카카오스타일 등 유수의 플랫폼에서 다양한 유저의 니즈를 기반으로 서비스/매출 확장 및 시스템화에 기여해 왔다.

펭수야~ 학교 가자!
제3권 : 실전 투자

초판 1쇄 인쇄 2025년 12월 12일
초판 1쇄 발행 2025년 12월 22일

지은이   키움증권 채널K, 자이언트 펭TV
원작   유튜브 〈채널K〉 '펭수야~ 학교 가자!' 시즌 3
감수   김윤경
펴낸곳   넥스트씨
펴낸이   김유진
출판등록 2021년 11월 24일(제2021-000036호)
홈페이지 nextc.kr
전화번호 0507-0177-5055
이메일   duane@nextc.kr
주소   서울시 중구 서애로23 3층, 318호

ⓒ 키움증권 채널K, 자이언트 펭TV, 2025
ISBN 979-11-995494-2-5 43320